JN087149

貨幣の謎

──新型コロナウイルスから解明する

山﨑好裕／五十嵐寧史／平井靖史
渡辺啓介／倉岡　功
［著］
Mystery of Money

中央経済社

はじめに

　2020年からの新型コロナウイルス感染症のパンデミックは，人類の社会活動を一変させて各国経済に打撃を与えました。そんななか，本書の編著者は日本政府が最初の緊急事態宣言を出す前の３月，ある論文を発表しました。それが本書の最初の章に当たる論文です。

　ウイルスはお金に似ているのではないか。そんなインスピレーションでした。お金を使った経済は人の多く集まる都市で発展します。しかし，その都市はコロナウイルスのようなウイルスにとっても格好の感染の場となるのです。

　自宅待機要請によって街からは人の姿が消えました。あたかもお金の流れがウイルスに置き換わったようです。

　その後，このようなアイデアに関心を持ってくれた同僚たちと本を準備することになりました。それは私たち人類が経験した３年間を何らかのかたちで残しておきたいという気持ちの表れだったかもしれません。

　皆さんもコロナ禍になってたいへん苦しく不自由な思いをしたことでしょう。しかし，どのような困難も大学で研究者が行っているような研究活動にとっては，一つのきっかけとなるものなのです。

　本書で読む内容は，皆さんにとって驚くことばかりかもしれません。でも，そこにこそ学問の面白さ，大切さがあるのです。

　本書の執筆者には，文系の研究者も理系の研究者も混じっています。本書を読み通していただくことによって，現代という時代が文系・理系の枠を超えたフェーズに入っていることをも，読者の皆さんは実感できるのではないでしょうか。

　本書の構成ですが，第１章「パンデミックと貨幣：世界経済システムの再生のために」では，貨幣とウイルスが似ている点を感染すること，蔓延すること，潜伏すること，の三つの面から解明し，本書全体のアウトラインを提示します。また，貨幣を経済学でどのように扱うかの基本的な知識も示します。

　第2章「記憶と貨幣」では，ウイルスに感染した結果，形成される免疫も一種の身体的な記憶ではないかという観点から，貨幣と私たちの記憶との関係を解きほぐしていきます。経済において将来の所得を割り引いて現在の経済行動を決めるように，過去の記憶のなかで忘却から逃れたものが現在の貨幣需要の水準を決めるという仮説を提示しています。さらに，貨幣と経済成長の関係も解説します。

　第3章「物質とヒステリシス」では，物質にも記憶があるのでは？　というスリリングな仮説が示されています。もう少し科学的に言えば，物質に与えられた過去の刺激が将来の物性を決めているということです。しかも，そのような深遠な内容が，なぜ一度溶けたチョコレートが美味しくないかという身近な話題から説かれていきますからとても興味深いです。読者は物質が安定な状態を目指すということの本質的な意味を理解できるでしょう。

　第4章「主観的時間と貨幣」では，人によって軽症で済んだり重症化したりと症状が異なる新型コロナウイルス感染症のように，時間というものも個人によって異なる流れがあるのではないかという考え方を示します。そして，経済生活で重要なのは主観的な時間なのに，それが貨幣を通じて共通の時間に還元されていくことを説明します。アインシュタインの特殊相対性理論における時間観，空間観も解説しています。

　第5章「マルチスケール時間構造」では，時間について最新の哲学的な理解をわかりやすく解説しています。そこで導入されるスケールというのは，生きるというレベルで重要になる時間を計るさまざまな物差しのようなものです。私たちがイメージする時間は直線で表されるような客観的なものですが，生きられる時間は私たちの行動と結びついているものですよね。私たちはそれぞれ異なった時間を生きながら，それを相互の関係性の下で共通の時間に変換しているわけです。

　第6章「生命と貨幣」では，物質と生命の中間的な存在とされるウイルスが宿主の細胞に寄生して増殖していくように，貨幣もまた所有者を動かして殖えていくという共通点があるという見方が示されます。つまり，貨幣もまた生命体ではないか？　ということです。実際，生命を扱う生物学と貨幣を扱う経済

学には，いろいろと似ているところが多いです。たとえば，サメと小魚のような捕食者と被食者のダイナミックな関係を応用して，景気循環を説明することが可能なのですから。

　第7章「ウイルスは生命か？」は，多くの科学者に謎を投げかけてきたこの問いを通して，生命の本質について考えさせてくれます。ウイルスは細菌とは異なり，結晶化された物質！　でありながら，遺伝情報を次の世代に伝える点で生命としての性質を色濃く持ちます。結論は，ウイルスは生物ではないが生命である！　です。結論に至るまでのスリリングな展開をお楽しみください。

　第8章「文学における貨幣と伝染病」では，小説などの文学の世界で貨幣が伝染病のメタファーとして使われてきたことを手掛かりに，都市における貨幣経済の発展と伝染病の蔓延との類似性を考えます。実は，新型コロナウイルス感染症のパンデミックでもよく耳にした感染者数の計算方法は，経済学に起源を持つものなのです。読者の皆さんは，もしかしたら，現代における致富欲求も感染症の一種かもしれないという見方に導かれるかもしれません。

　第9章「電子的な通貨・仮想通貨の概要と可能性」では，暗号通貨などの電子的な通貨について技術的なことも含めた解説がなされます。暗号通貨は一時騰貴したことで世界の耳目を集めましたが，多くのスキャンダルで最近は人気が下火になっています。しかし，その形成の歴史を通じて多くの電子技術が開発されてきており，私たちの経済社会を大きく変える可能性を秘めてもいます。そうした展望をこの章から読み取ることができるでしょう。

　各章はそれぞれの研究者の視点から書かれていますので，読者の皆さんの興味や関心にしたがって，飛び飛びに読んだり，いくつかの章のみを読んだりしていただいても，十分にお役に立てると思います。しかし，最後には通しで読んでいただけると，貨幣というものの本質や新型コロナウイルスが我々に残した知について深く考えることができるでしょう。

2023年7月1日

山﨑　好裕

目　次

第1章　パンデミックと貨幣：
世界経済システムの再生のために

1．はじめに

⑴　新型コロナウイルスがもたらした経済危機

　2020年以降，新型コロナウイルスの世界的感染拡大に人類は翻弄された。日本においても感染爆発を防ぐという判断から，政府・民間ともに厳戒態勢が敷かれることになった。そうしたヒトとモノの流通が妨げられる異常な状況はカネの流れの停滞をもたらす。現状ではリーマンショックとの比較で取り沙汰されることが多い新型コロナウイルスショックであるが，早くも1930年代不況の再来を予測する声も上がり始め，その不吉な予言はある程度的中したと思われる。本章はそうしたなか，やがて訪れる新型コロナウイルスの鎮静化後に，壊滅的に傷つけられた世界経済システムをいかに再建すべきかを示そうとしている。もちろん，それはこうした事態の再発を予防する観点から，新たな世界経済像を提示することにもなるだろう。

　現在の世界経済システムは，歴史的に市場経済のグローバルな拡大というプロセスを経て形成された。市場経済は貨幣によって形作られる。貨幣はいろいろな点でウイルスなどの病原体によく似ている。これは比喩ではなく，不思議なことに，貨幣は実にウイルスを模倣して設計されているとも言えるからである。もちろん，設計という言い方には語弊があることは承知している。なぜならば，貨幣は経済学者フリードリヒ・フォン・ハイエクが言うところの自生的秩序であって，人間の意識的な創作を超えたものであるからだ。しかし，ウイ

ルスと貨幣は共にその生息領域，あるいは流通圏を拡げることを至上目的とした自動機械である。目的が同じであり，その目的に最も合致するように自然がメカニズムを設計すれば，当然相似形の存在となるということなのである。

⑵　貨幣とウイルスの類似性

　今機械という言い方をしたが，ウイルスは完全な生物ではない。それは自立した代謝系を持たず，寄生した宿主の細胞と融合することで細胞の栄養を自らの栄養として生きるしかない。また，自己増殖をすることができないウイルスは，通常の生物に比べて遙かに少ない遺伝子情報を設計図として，宿主の細胞のなかで自らをコピーして増えていく。だから，その存在は有機的メカニズムと呼ぶのが最も相応しい。

　こうしたウイルスの特性はあらゆる面で貨幣と似ているのだ。今回，新型コロナウイルスのパンデミックによってもたらされた世界経済の崩壊は，貨幣がかつて世界に拡がったのと同じ道筋を通ってウイルスが拡がったことで迅速かつ致命的なかたちでも実現したのである。本章はまず，貨幣がウイルスと共有する特性について多面的に分析していく。各節のタイトルは，貨幣は感染する，貨幣は蔓延する，貨幣は潜伏する，と付けられている。そして最後に，世界経済システムの再生はどのようになされるのか，という展望と青写真とを描くことにしたい。

2．貨幣は感染する

⑴　マルクスと貨幣の生成

　カール・ハインリヒ・マルクスはその主著である『資本論』の第 1 巻のみを1867年に出版し，自らの手で完成させることなく没した。もちろん，時代的制約ということなのだが，経済学の体系としての『資本論』は古い時代の経済学を内容的に逸脱するものではなく，現代経済学の観点からは見るべきものはほ

とんどないと言っていいだろう。しかし，『資本論』には経済学をはみ出した
有益な叙述が多分にあり，それらが経済諸現象の本質を見極める手がかりとな
りうる。

　その最たる例は，『資本論』第1巻冒頭に現れる価値形態論であろう。ここ
は経済学的な評価が全く不可能な部分であるが，価値をその形態という観点か
ら見ることで，商品，貨幣，資本という自生的な展開の論理を独自のレトリッ
クによって示してみせている。

　まず，商品であるが，商品をよく見ると二つの全く異なった価値を持つこと
がわかる。一つは使用価値，もう一つは交換価値である。商品はその物質的な
特性として，まずは人間に有用な性能を持った財貨である。その性能を使用価
値と呼ぶ。現代経済学では財の効用と呼ばれているものである。しかし，よく
考えてみたら，使用価値は商品として売買されない財貨にもある。だから，商
品を商品として有らしめているのは，売買され交換されることができる価値，
すなわち，交換価値であるということだ。

　だが，交換価値はその商品自体によっては表現できない。その商品と交換さ
れる対象である別の商品の分量を借りて表示するほかないのである。たとえば，
リンゴ1個はミカン3個に等しい，という具合に。マルクスの用語では，この
場合のリンゴを相対的価値形態，ミカンを等価形態という。

　だが，リンゴ1個がいくらなのかを言うのに，毎回違った財貨の分量で表現
するのは骨が折れる。そこで，毎回等価形態に立つ，ある一つの商品を皆で決
めることで，諸商品の交換価値を統一的に表す方が便利ということになる。こ
うして貨幣である商品として選ばれるのが金である。金が選ばれたのには理由
がある。まず，希少性が高く，その分交換価値が大きいので，小重量でもって
他の商品の交換価値を表示できる。また，物質として薄くしたり伸ばしたりし
やすいため，細かく分割して利用ができる。

⑵　感染する貨幣

　こうして貨幣となった金が特権的な商品となることで，その貨幣を増殖させ

4

ようとする経済的欲望が発生し，自己増殖する価値の運動体としての資本が生成する。これがマルクスの価値形態論である。しかし，よく考えれば，価値形態論の起点に置かれた商品のなかに，既に商品として相互に交換できるという性質が含まれていることは明らかである。そして，歴史的には商品の交換が貨幣を媒介とする売買でしかなかった以上，実際には貨幣は商品に先立って，または，それと同時に存在したのでなければならない。商品が財貨一般と区別されるのは，その効能が所有者自身による利用を目的としたものではなく，最初から別の誰かの利用を想定して，交換目的で生産されたものである，という1点においてなのである。つまり，貨幣は社会のなかから自然発生的に生まれることはできず，その当該社会の外からの，病原体のような感染によって持ち込まれたのでなければならない。

(3) 共同体に浸透する貨幣

　貨幣は外部からの感染によって社会にもたらされる。このことはマルクスの最大の発見であると思う。マルクスは次のように述べる。

ある使用対象が可能性の上から交換価値となる最初の様式は，使用対象が非使用価値として，すなわち，その所有者の直接的欲望を超える使用価値のある量として，存在するということである。物は，それ自身としては人間にたいして外的のものである。したがってまた譲渡しうるものである。この譲渡が相互的であるためには，人間はただ暗黙の間に，かの譲渡さるべき物の私的所有者として，またまさにこのことによって，相互に相独立せる個人として，対することが必要であるだけである。だが，このような相互に分離している関係は，一つの自然発生的な共同体の成員にとっては存しない。それがいま家父長的家族の形態をとろうと，古代インドの村やインカ国等々の形態をとろうと，同じことである。商品交換は共同体の終わるところに，すなわち，共同体が他の共同体または他の共同体の成員と接する点に始まる。しかしながら，物はひとたび共同体の対外生活において商品となると，ただちに，また反作用をおよぼして，

共同体の内部生活においても商品となる。(マルクス (1867)，翻訳第1分冊，pp.157-158)

　貨幣は必ず共同体の外部からやって来る。そして，免疫のない無垢の共同体に瞬く間に感染していくのである。感染後の共同体は，かつてのそれとはまったく別の姿となり，そして，元には戻りえない。

　新型コロナウイルスと同じように，貨幣の感染が劇症性のものであることは普通である。マルクスは歴史の闇のなかから，貨幣に感染した共同体の悲劇を掘り出した。その叙述は本源的蓄積論と呼ばれている。マルクスは貨幣の感染がもたらした忘れられた悲劇を，次のようにレトリカルに表現する。

この本源的蓄積が，経済学において演ずる役割は，原罪が，神学において演ずる役割とほぼ同じである。アダムが林檎をかじって，以来，人類の上に罪が落ちた。その起源の説明は，過去の小話として物語られる。久しい以前のある時に，一方には勤勉で悧巧で，とりわけ倹約な選り抜きの人があり，他方には怠け者で，自分のすべてのものを，またはそれ以上を浪費するやくざ者があった。神学上の原罪の伝説は，とにかくわれわれに，いかにして人間が額に汗して食うように定められたかを物語るのであるが，経済学上の原罪の物語は，そんなことをする必要のない人々があるのはどうしてかを，われわれに示すものである。(同上，翻訳第3分冊，pp.339-340)

　聖書のなかで，アダムとイブは楽園を追われ，働かなければ生きていくことができなくなった。なぜ，人間のなかに労苦に責め立てられるものがいるのか。それはこの経済の始まりを意味する神話的な物語なのである。

　世の中に金持ちと貧乏人がいるのは，前者が勤勉で後者が怠け者であったからだ。もちろん，そんな嘘っぱちが本当のわけはない。実際には，暴力的な略奪が歴史の最初にあった。そうマルクスは言っている。それがアリとキリギリスのような道徳美談に変わり，事実が隠蔽されていく。

それはとにかくとして，前者は富を蓄積し，後者は結局自分の皮以外には売る
べきものを何ももたない，ということになった。そして，この原罪以来，あら
ゆる労働にもかかわらず，いまなお自分自身以外に売るべきものをもたない大
衆の貧窮と，久しい以前から労働することをやめてしまったのに，なお引き続
き増大する少数者の富とが生じたのである。かような愚にもつかない子供だま
しでも，たとえば，ティエール氏は，所有権擁護のために，かつてはそのよう
に才知に富んでいたフランス人に，大まじめで言い含めている。しかし，所有
権問題が登場するや否や，児童読本の立場を，すべての年齢層と発育程度とに
かかわらず唯一正しい立場であるとして主張することは，神聖な義務となる。
現実の歴史においては，周知のように，征服，圧制，強盗殺人，要するに暴力
が，大きな役割を演ずる。ものやさしい経済学では，初めから牧歌が支配して
いた。正義と「労働」とは，初めから唯一の致富手段だった，もちろんそのつ
ど，「今年」だけは例外だったが。実際には本源的蓄積の方法は，他のありと
あらゆるものではあっても，ただ牧歌的だけではなかった。(同上，翻訳第3
分冊，p.340)

　お金持ちは苦労して今の地位を築いたんだよ。怠けていると貧乏になっちゃ
うよ。親は子どもにこう言って聞かせる。金持ちは道徳的にも正しい人間にな
り，貧乏人は道徳的に間違った人間だということになる。歴史の最初にあった
現実が見えなくなっていく。

(4)　貨幣の感染が引き起こす社会変化

　貨幣に感染した商品生産社会では，生産要素として資本と労働を用いた大量
生産が行われる。その前提として，一方に資本が蓄積される半面，他方には労
働以外の所得獲得手段を持たない大衆が存在しなければならない。いったんこ
の市場経済が動き出すと，それは経済発展の当たり前の前提となり，規律正し
い労働は徳目とされ，高所得も勤勉と節約の賜物として道徳的に正当化されて
いく。だが，その最初に遡れば，共同体が貨幣の感染によって解体されていく

過程は，マルクスの言う通り暴力的なものであったことは否定できない。

　新型コロナウイルスによる死亡者の増大も深刻な問題となっているが，貨幣の感染も西欧列強の侵略というかたちをとった場合には多くの人間が死亡する事態へと立ち至った。

アメリカにおける金銀産地の発見，原住民の掃滅，奴隷化，鉱山内への埋没，東インドの征服と掠奪の開始，アフリカの商業的黒人狩猟場への転化，これらのものによって，資本主義的生産時代の曙光が現れる。これらの牧歌的過程は，本源的蓄積の主要要素である。地球を舞台とするヨーロッパ諸国民の商業戦がこれに続く。それはスペインからネーデルラントが離脱することによって開始され，イギリスの反ジャコバン戦争において巨大な規模をとり，シナにたいする阿片戦争等においてなお続行される。(同上，p.397)

　大航海時代とそれに続く新大陸の植民地支配。ヨーロッパの世界進出は，事実の問題として世界を一つにまとめていく。そして，ヨーロッパ発の病原体が免疫のない各地の地域社会を冒していく。かくして，貨幣の感染は世界中へと拡がり，貨幣経済が世界に蔓延した。

3．貨幣は蔓延する

⑴　世界システム論における貨幣

　社会経済史家のイマニュエル・ウォーラーステインが世界システム論を提唱したのは，もう半世紀近く前のことである。概念は人口に膾炙し，当たり前の前提となって，もはや新味は感じられない。しかし，政治と経済の世界的展開は，それ自体一体の有機的結合，つまり，統合的システムとしてしか機能しないというその論旨は，新型コロナウイルスがまさにその世界システムを危機に陥れている現在だからこそ新たな光が当てられるべきだろう。

8

　新型コロナウイルスがそうであるように，貨幣もまた世界に蔓延せずにはおかない。世界の隅々まで感染してこそ，貨幣はその完全な機能を展開できるのである。ウォーラーステインは，人類史のなかでそれまで唯一の世界システムであった世界帝国に代わって，近代の世界経済が出現してきたという，彼の視点を次のようにまとめている。

十五世紀から十六世紀初頭にかけて，ここにいう「ヨーロッパ世界経済」が出現した。それは，帝国ではないが，大帝国と同じくらいの規模を有し，大帝国と共通の特質をいくつかもっていた。ただし，帝国とは別の，新たな何かなのである。それは一種の社会システムであり，この世界が従来まったく知らなかったものである。また，これこそは，近代世界システムの顕著な特質をなすものである。ここにいう「世界経済」とは，あくまで経済上の統一体であって，帝国や都市国家，国民国家などのような政治的統一体ではない。実際，この「世界経済」はその域内—その領域を確定するのは容易ではないが—に，まさにいくつもの帝国や都市国家，さらに成立の途上にある「国民国家」などを包含しているのである。それは，文字通りの「世界」システムなのである。もっとも，それが全世界を包含しているからというのではなくて，地上のいかなる法的に規定された政治単位をも凌駕しているという意味で，世界的なのである。それはまた，すぐれて「世界経済」である。というのは，このシステムを構成する各部分の基本的なつながりが経済的なものだからである。（ウォーラーステイン（1974），翻訳Ⅰ，p.17）

　ウォーラーステインはここで，世界経済は最初から世界システムとして始まったと言っている。それは世界全体が連携しなければ機能しないという性質を本来的に持っている。だから，新型コロナウイルスのパンデミックが世界経済を国ごとに分断したとき，その悪影響は致命的なものになりえたのである。

⑵　世界経済誕生の理由

　では，なぜこの時期に，そして，ヨーロッパを中心として世界経済というシステムが登場することになったのだろうか。ウォーラーステインはその要因を三つに分けて列挙している。

　このような資本主義的「世界経済」の確立にとって，決定的な意味を持つ条件が三つあった。すなわち，当該世界の地理的規模の拡大と「世界経済」が生み出す多様な生産物，「世界経済」を構成する各地域に適した多様な労働管理の方法の開発，さらに（来たるべき資本主義的「世界経済」の中核国家となるはずの）比較的強力な国家機構の創出，がそれである。（同上，p.41）

　地理的規模の拡大とは貨幣の流通圏の拡張，あるいは，貨幣というウイルスの感染地域の拡がりということである。貨幣によって国際的に売買される多様な商品を生産するために労働の管理方法が開発されていなければならない。それが狭義の資本主義と呼ばれるものである。さらに，マルクスが述べた本源的蓄積を成し遂げる暴力装置として，中核国家が経済という赤子の産婆役を務める。

⑶　世界経済における国家の役割

　本来，国家を超越するように見える世界経済と，それを補完し共存する近代国家という，一見すると矛盾した現象を，ウォーラーステインは次のように整序している。

　資本制生産様式に基礎を置く「ヨーロッパ世界経済」が出現したのは，十六世紀のことである。奇妙なことに初期のこの段階では，資本家たちはあまり旗幟を鮮明にはしていなかった。営業の自由は支配的なイデオロギーとはなっていなかったし，個人主義や科学的思考法や自然主義，ナショナリズムなどでさえ

そうだった。こうした思想が世界観として定着するには，一八・九世紀をまたねばならなかったのである。当時，一般化しているイデオロギーがあったとすれば，ステイティズムすなわち「国家理性」のそれを除いてほかにはない。資本主義に国境（フロンティア）はない。それなのに，資本主義が強力な国家の発展によって支えられたというのはなぜか。この問題には単純な答はない。しかし，だからといって，この命題に矛盾があるというのでもない。むしろあべこべなのだ。資本主義的な「世界経済」の顕著な特徴は，経済面での決定が第一義的に「世界経済」にむけられるのに対し，政治的決定は「世界経済」内のもっと小さな，法的まとまりをもつ組織，すなわち国家—国民国家，都市国家，帝国を含む—にむけられたことにあったからである。(同上，p.99)

　正直なところ，ウォーラーステインのこの説明にはいささか釈然としないところが残る。結局，歴史的にそうであったからという以上のことは言っていないからだ。しかし，世界的な新型コロナウイルスの蔓延を目の当たりにしている我々にとって，世界経済という本質的にのっぺら坊のシステムにあって，万が一の危機が発生した場合に，国境においてヒトとモノの移動を遮断し，危機の拡大を防ぐ何らかの英知が，国家に備わっているように感じることは避けえないだろう。

⑷　国際貿易と自由主義

　世界経済という近代システムにおいては，現代に至るまで常に自由貿易と保護主義という二つの思想がせめぎ合ってきたと言ってよい。実際，ウォーラーステインは，後に世界経済システムの中核を担うイギリスやフランスが極めて保護主義的な重商主義政策をとったのに対して，自由貿易を貫いたオランダが果たした過渡的役割を強調している。

「ヨーロッパ世界経済」を全体としてみた場合，拡大の時代が終ると，オランダの世界貿易がいわば貴重な生命線となって，システム全体を動かし続けたよ

うに思われる。この時代には、国内の政治・経済機構の再編に精力を集中せざるをえなかった国が多かったのとはまさに好対照である。しかし、他方では逆にネーデルラントの政策が成功したのは、英・仏両国がまだ十分に重商主義政策を展開しておらず、自由貿易の原理にもとづいて活動しているオランダ人商人の市場には、本当の意味では喰い込んできていなかったからだ、ということもできる。オランダ人がまだスペインとの関係を維持していて、金融市場を牛耳っているなど、あまりにも強力であったということなのであろう。（ウォーラーステイン前掲書、翻訳Ⅱ、p.45）

　重商主義政策では、関税等の貿易制限によって貿易黒字の最大化を目指す。これは表面的には、世界に蔓延したいという貨幣の欲望と矛盾するように思われるかもしれない。しかし、実際の効果として重商主義政策は、国内の生産力を高めることによって、今言うところの国内総生産を大きくして税収を増やし、国家財政を黒字化することを目指すものであった。これは国家が骨の髄まで貨幣に感染していることを意味しており、国家は貨幣に支配されて重商主義政策を推し進めたのだ、とすら言えるのである。

⑸　世界経済の次に来るべきもの

　最後にウォーラーステインは、国家の存在を不可欠の契機として自らを安定させざるをえない現実の世界経済システムを総括した後で、世界帝国、世界経済に次ぐ第3の世界システムを展望する叙述を残している。新型コロナウイルスによって新たな世界経済システムを創出しなければならない状況に置かれている我々にとって、半世紀前の考察を新たな視点から思い起こさなければならないだろう。

資本主義とは、経済的損失を政治体が絶えず吸収しながら、経済的利得は「私人」に分配されるような仕組みを基礎としている。経済の形態としての資本主義は、経済的要因がいかなる政治体にも完全には支配しきれないほど広い範囲

にわたって作用しているという事実に基づいて成立する，と思われる。こうなると資本家は，自由に術策をめぐらすことのできる構造的基礎を与えられるのである。こうして，「世界経済」はたえまなく発展することが可能になるのだが，その発展によって得られる報酬の分配は極端に不均等であった。これほど高い生産水準を維持しながら，これとは違った分配制度をもつ世界システムがありうるとすれば，それはいろいろなレヴェルで政治上の決定権と経済上のそれが再統合されているような形態のものでなければなるまい。それは，〔世界帝国と「世界経済」につぐ〕第三の種類の世界システムということになる。それこそ社会主義的世界政府の成立を意味するはずである。しかし，現存の社会主義政権はどれもこれにはあたらないし，まして一六世紀にはそのようなシステムは，夢想だにしえなかった。(同上，p.281)

　資本主義や社会主義という経済制度をフレームワークに用いているところは，ウォーラーステインの時代的制約である。やはりそこに由来して，ウォーラーステインは現世界経済を，所得格差を重要な特質として把握しているのである。これは現代においても，トマ・ピケティの著作などによって振り返られ続けている視点である。そういう視点に立てば，代替的な世界システムは，所得分配の平等に国家が責任を持つ社会主義的なそれ以外にないという結論になるだろう。

　しかし，同じく社会主義という言葉を使いながら，経済人類学者のカール・ポランニーは全く異なった代替システムを考えていた。ポランニーは我々の市場経済は，本来社会に内在していた経済の領域が独立して，母体である社会を凌駕している状態であると考えた。こうして引き起こされる経済の暴走を抑えるためにポランニーが提案するのは，経済を再び社会に埋め戻すことである。ウォーラーステインも，現世界経済システムは国家が経済を補完するが，主導権は経済の側にあると考えていた。とすれば，ポランニー的な代替システムをウォーラーステインの文脈に置けば，来たるべき新たな世界システムは，社会が主導権を握って経済を制御するものでなければならない。

こうした視点がなぜ現代のわれわれに必要なのであろうか。それは新型コロナウイルスによって世界経済システムが解体した原因が，我々の市場経済が社会の制御を超えるほどに過度の国際的相互依存を生み出してしまったことにあるからである。そして，それは同時に，金融センターを持つ国々と労働のみ豊富な周辺諸国の所得格差の原因でもある。こうした過度の相互依存を国家や社会が制限し，国内的な衰退地域に雇用や生産の拠点を持っていくことが必要である。そうであったならば，パンデミックによって急激な世界経済の分断が生じたとしても，世界経済システムの後退は現状とは比較にならないほど軽微なものであっただろう。

4．貨幣は潜伏する

⑴　貨幣は姿を消す

貨幣が共同体と諸国深くまで感染し，世界の津々浦々までに蔓延すると，今度は自らの姿を消して潜伏しようとする。貨幣がその存在を感じられなくなり，空気のようになったときこそ，貨幣が最大の成功を収めたときである。なぜそう言えるかと言えば，貨幣は交易の媒介をその任務としており，その目的に照らして，摩擦なく財貨を流通させて自らは透明な存在となるのが理想だからだ。実際，現代経済学では貨幣は徹底して不可視の存在として扱われる。

景気循環は経済学の歴史を通して貨幣を原因として引き起こされると考えられてきた。貨幣の融通の一種の価格である金利が過度に低く維持されると，企業の設備投資が必要以上に進んで過剰な生産能力が蓄積される。自然な需要をはるかに上回る供給力の存在は，金融的な危機をきっかけに突如顕在化して不況へと転換していく。バリエーションは多々あるが，経済学における景気循環の理論はいずれもこうした論理を雛形にしたものである。

現代的な長期の経済停滞の原因を追究したジョン・メイナード・ケインズの理論も，そういう意味では同様の論理の一亜種である。ケインズは長期不況の

原因を金利の高止まりに集約して考え，貨幣供給の増大によって不況から脱出する方法を探った。不思議なことに，綺麗に20年周期の景気循環が観測された19世紀の古典派経済学は景気循環の理論を持たない。これは当時の経済学者たちが貨幣ヴェール観と呼ばれる貨幣観を前提にしたためである。貨幣は実体経済のヴェールのようなものであり，貨幣の存在は実体経済にいかなる影響も与えるものではないと考えられていた。

⑵　貨幣の中立性について

　今から40年前に登場した実物的景気循環論では，その名の通り，貨幣の存在を前提せずに景気循環が説明される。実物的景気循環論では，景気循環は貨幣に由来する攪乱によってではなく，新技術の誕生や一次産品価格の高騰といった生産性についてのプラスまたはマイナスのショックによって生じると考える。こうしたショックは確率的なものであり，平均すれば効果は 0 になるのだが，労働供給や設備投資の変化によって経済経路の循環的変動をもたらすように理論化されている。さらに，実物的景気循環論では，貨幣供給と実体経済の変動とに相関関係があることが実際に観測されていることについて，実体経済から貨幣供給へという因果関係をもって説明を行う。すなわち，実体経済で生産が増加すれば，それが銀行部門の預金額を増大させるし，逆の場合は逆であるというのである。つまり，現代経済の理論的ベースを成している実物的景気循環論では，貨幣はその姿を全く晦ましているのである。

⑶　貨幣は経済学でどう扱われるか？

　貨幣と経済に関して必ず成り立つ恒等式がある。これは常に成り立つ恒等式であって，条件付きで成り立つ方程式ではないが，伝統的に交換方程式という名前で呼ばれてきた。

$$MV \equiv PT \tag{1}$$

　式⑴で M は貨幣量，V は貨幣の流通速度，P は物価水準，T は生産量を表

わしている。貨幣の流通速度というのは，1年の間に一つ一つの貨幣が何回持ち手を変えるかということであり，その分，経済社会のなかを貨幣が流れていくことになるので，速度と表現している。

　恒等式の左辺は，貨幣が1年間でどれだけの金額の品物を購入するかを示している。また，右辺は，1年間に生産される品物の合計量を金額で表したものになっている。生産されたものが全て購入されているならば，必ず左辺と右辺は一致しなくてはならないのである。

　恒等式は関係性の定義みたいなものだから，それだけでは何の意味も理論的に持たない。この関係が経済学的に意味のあるものになるには，ある値が決まったときに別の値が決まるという方程式になる必要がある。

　先ほど見た貨幣の流通速度であるが，これは大体一定であると考える。また，現在経済のなかにある工場の数や働き手の数が一定であれば，毎年の生産量も大きく変化しないと見ていいだろう。そうすると，貨幣量と物価水準が比例的に変化するという関係，または，貨幣量が決まれば，それに応じて物価水準が決まるという関係が導かれる。

$$M\overline{V} = P\overline{T} \tag{2}$$

　式(2)を物価に関する貨幣数量説と呼んでいる。先ほどの説明からわかるように，貨幣量が影響を与えるのは物価水準のみで，生産量という経済の実体的な部分には影響を与えないのである。

　式(2)の右辺は1年間の生産総額であるから，これは名目国民所得に等しい。名目というのは物価水準を掛けて金額で表したということである。これに対して，物価水準で割って物量で表した国民所得を実質国民所得と呼ぶ。

　名目国民所得を Y，貨幣の流通速度 V の逆数を k で表すと，式(3)が得られる。

$$M = kY \tag{3}$$

　貨幣の流通速度 V が一定であれば，その逆数である k も一定である。この k は，ケンブリッジ大学の経済学者の名前からマーシャルの k と呼ばれている。

この方程式は，貨幣量と名目国民所得が比例することを意味する。方程式の名もケンブリッジ方程式と呼び習わされている。

　ケンブリッジ方程式，つまり，式(3)の左辺は，貨幣が経済にどれだけ与えられているかという貨幣供給と考えられる。他方，右辺は，人々が今年の名目国民所得に応じてどれだけの貨幣を持とうとするかという貨幣需要と考えられる。

⑷　貨幣の中立性の否定と復活

　先に述べたケインズは，マーシャルの k が金利 i の変化に伴って変化すると考えた。金利が上昇すると利息が付かない貨幣を手放して，利息が付く国債などを保有しようとするだろう。だから，貨幣需要は減少する。逆に，金利が低下すると利息が付く他の資産を保有する意味が薄くなり，人々は便利なお金を手元に置こうとする。つまり，貨幣需要が増加する。

$$M = k(i)\,Y \tag{4}$$

　ケインズ的な式(4)の右辺である貨幣需要を L で表すと，それが金利 i と名目国民所得 Y で決まることになる。そのことを式(5)のように表しておこう。

$$L = f(i,\,Y) \tag{5}$$

　アメリカの経済学者ミルトン・フリードマンは，短期的になら貨幣量が経済の生産量に変化を与えるというケインズ的な主張が成り立つということを認めながらも，長期的には貨幣数量説と同じ関係が見られると主張した。政府が貨幣供給を増加させると，短期的に生産が増加して景気が回復するが，貨幣量がそのままに放置された場合，長期的に見ると物価の上昇が起きるのである。

　そのフリードマンが考えた貨幣需要が式(6)であった。

$$L = f(y_p,\,\omega,\,r_b,\,r_e,\,p^e,\,u) \tag{6}$$

　貨幣需要を決める要因がすごく増えていることがわかる。括弧のなかの文字が表わすのは，y_p が恒常所得というもので，年々の名目国民所得の平均値で

ある。これは式(5)の Y に当たる。次の ω は物的な資本に対する人的な資本の比率である。ちなみに，物的な資本が機械や設備であるのに対して，人的な資本とは人々の能力や教育水準のことである。自分が人的な資本というかたちで所得を稼得する能力を多く保有していれば，貨幣を蓄える必要性をあまり感じないであろう。

　式(5)の i に当たるのが r_b と r_e であり，前者は債券の利子率，後者は株式の利回りである。つまり，貨幣以外の資産を持った場合にどれだけ儲かるかということだ。貨幣を持てば，得られるはずの利益を逸してしまうので，これらが上昇すると貨幣需要は減少する。

　人々が将来の物価水準がどれほどかを予想するのが p^e である。物価が将来に向けて上昇すると人々が予想すれば，貨幣需要は強まる。最後に u は，そもそも，人々が貨幣という資産をどの程度持ちたいかという選好である。

　ケインズの場合，貨幣需要が国債の金利だけによって決まっていたため，その変化に振り回されて，貨幣需要が年々大きく変化するのであった。だが，フリードマンの場合には，貨幣需要を決める要因が多く，それらのうちいくつかはほぼ一定であったり，変化の方向が逆で，貨幣需要への影響が相殺されたりするのである。

　たとえば，y_p や ω，u は数年という短い時間で変化しないであろう。また，一般に債券の価格が上昇するとき，株価が下がることになる。それは債券の金利が低下するとき，株式の利回りが上昇することを意味する。つまり，r_b と r_e は逆方向に変化するので，お互いが相殺し合って貨幣需要を大きく変化させることはないのである。

　残るは，物価水準への予想 p^e である。これが安定していれば，貨幣需要が変化せず，経済の貨幣的な面がすっかり安定することになる。フリードマンは，貨幣当局が経済成長率に合わせて安定的に貨幣供給を増加させることを政策的に主張した。それが守られるならば，人々の予想に反して物価がそれよりも早く上昇したり，逆に，低下したりすることはないであろう。そのとき，人々の物価水準への予想も安定するのである。

　フリードマンに言わせれば，1970年代に世界的なインフレーションが昂進したのは，各国の中央銀行がケインズ的な考え方に従って，貨幣供給を過度に増加させたためである。結局そうした政策で，長期的な実体経済の改善を期待することはできない。つまり，経済政策は，貨幣の中立性と呼ばれる，貨幣の透明なあり方を理想としているということなのである。

5．おわりに

⑴　パンデミック後の世界経済システム

　パンデミック後の世界経済システムは，もはや，以前のそれとは異なっているだろう。我々は新型コロナウイルスと同様の脅威に対して，可能な限り強靭な世界経済システムを再建していくのでなければならない。

　今回の危機の教訓は，感染症が発生した場合，いち早く国境を超えての人的・物的交流を遮断しなくてはならないということである。しかし，国際的な相互依存が過度に進んだ現代世界経済において，それは経済に壊滅的な打撃を与えるとして躊躇される措置であったし，躊躇の結果として現在のようなウイルスの世界的蔓延を招いてしまった。であれば，人的・物的経済交流の遮断が破壊的な影響を与えないような経済システムを再建することが必要であるわけだが，それは国際分業の行き過ぎに一定の留保を求めることによってしか実現できない。

⑵　垂直分業と国際貿易

　経済の国際分業には垂直的なものと水平的なものとがある。垂直分業を説明するのは，古くから存在するヘクシャー＝オーリン・モデルである。財貨には労働集約的なものと資本集約的なものがある。経済学では財貨を生産するときの要素として人手を意味する労働と機械などに姿を変えて生産に貢献する資本の二つを考える。ヘクシャー＝オーリン・モデルは，国によって労働が多く存

在する国と資本が多く存在する国という違いがあるので，各国がそれぞれ多く存在する生産要素について集約的な財の生産に集中する結果，工程の川上と川下に分かれた垂直的な国際分業が生じるとしたのである。農産物のような生産工程の川上にある財は労働豊富な後進国が，工業製品のような川下の生産物は資本が豊富な先進国が得意としているというのである。現代はインターネットを用いた生産工程の細分化が国際的に進んでおり，いわゆるグローバル・サプライチェーンが高度に発達している。このことが垂直的な人的・物的交流を推し進めていたのである。

⑶　水平分業と国際貿易

もう一つの水平分業はヘルプマン＝クルーグマン・モデルなど比較的近年の理論で説明される。たとえば，自動車という一種類の財であっても複数の国で生産されており，それが貿易によって相互の国の消費者へと届けられている。こうした分業はヘクシャー＝オーリン・モデルでは説明できない。ヘルプマン＝クルーグマン・モデルは，現代の消費者の嗜好が多様化しており，自動車でもその嗜好に合わせて車種などが細分化していることに注目する。一般に工業製品には規模の経済が働いて一か所で大量に生産した方が，そうでない場合に比べてコストが低下するなど効率化が進む。だから，一国内の多様な消費者を満足させる製品を小ロットで生産するよりも，ある国はある種の製品に，他の国はそれ以外の製品に生産を集中させた方が双方にとって好ましい。生産された多様な財貨は貿易によって相互に交換されるから，こうした水平分業もまた現代世界経済の相互依存性を過剰に高めてきた原因であった。

こうした経済の論理はそれ自体として抑制することはできない。したがって，これを安全な範囲内に抑制しようと思ったら，国家が危機管理の観点，あるいは，社会の安全確保の観点から強力に介入する以外にない。これまでの世界経済では，各国は経済の論理を後押しし，国際的な人的・物的移動を促進する方向で政策を展開してきた。国家の軸足は経済と社会のうち，経済に置かれていたと言えるだろう。しかし，狭義の世界経済に代わる新たな世界システムでは，

国家が社会に軸足を置いて経済に目配りしていくのでなければならない。

⑷　経済国際化の最適水準

　とは言え，もちろん，国家が強権的に経済を管理するのでは，経済は窒息して死滅してしまう。国家は経済主体のインセンティヴに配慮した誘導という方式で経済に介入して，国際的な過度の依存を排した，地域的自立性の確立に努めるのでなければならない。まず，物的交流を制御可能な水準に抑えるために輸出税を活用すべきである。貿易を制限するために，これまで一般的に関税が使われてきた。しかし，関税は他国の生産物の流入を防ぐということに目的があるため，相手国にとって極めて攻撃的に映る。しかし，自国の輸出を抑制する輸出税は自国から他国への財の移出を抑えるにとどまらず，輸入代替的に国内産品への需要を高めるため，結果としてマイルドなかたちで輸入を抑えることにもつながるのである。

　日本においてもアメリカを追うようにして国内産業の空洞化が進んできていた。物的国際交流が後退すれば，それを補うために国内の生産力を再度高めなくてはならない。その受け皿としては，国内産業の空洞化の悪影響を直接受けてきた地方以外には考えられないだろう。地方自治体はもちろんであるが，中央政府も，挙げて税制や無償援助のかたちで企業の国内諸地方への投資を援助しなければならない。また，第3次産業を含めた本社機能の地方分散も，これまでのように掛け声倒れに終わることなく断固として進めていかなくてはならない。

　もちろん，それにしても国際貿易と相互依存性はかなりの程度残らざるをえない。したがって，感染症などの危機が再発した場合に備え，生産や業務が維持できるようなソフト，ハード両面のインフラを整備しておくべきである。まずは原材料の備蓄である。これまでインターネット技術の発展は，在庫の減少によって保管コストを削減する方向にだけ寄与してきた。しかし，いざというときに生産と流通を維持するには安全保障の目的で相当程度の在庫を保持しなければならないことが明らかになった。政府としても補助金などによって在庫

の積み増しを支援すべきである。また，国内外の事業所を問わず，意思決定を可能な限り分権化しておくことで人的移動を最小化しても経営機能に支障が出ないようにすることが可能である。インターネット技術を真に活用するかたちで広範に取り組むことが求められる。

| 参考文献 |

Marx, K. H., *Das Kapital*, I, Otto Meissner, Hamburg, 1867.（向坂逸郎訳（1969）『資本論』第1・2・3分冊，岩波文庫。）

Wallerstein, I., *The Modern World-System : Capitalist Agriculture and the Origins of the European World-economy in the Sixteenth Century*, Academic Press, 1974.（川北稔訳（2006）『近代世界システム　農業資本主義と「ヨーロッパ世界経済」の成立』I・II，岩波書店。）

第2章　記憶と貨幣

1.　はじめに

⑴　免疫と記憶

　コロナウイルスに感染した場合，体内に免疫が形成される。こうした免疫は
ウイルス感染の身体的記憶ということができるのではないだろうか。あえて記
憶という言葉を使ったのは，もちろん，本章が記憶と貨幣の関係を問題にして
いるからである。しかし，少なくとも免疫は，その人が何らかの病気に感染し
た経験があるという履歴を身体に刻み付けることである。そういう意味で，心
に履歴が刻み付けられる記憶と全く同形なのである。

　フランスの哲学者アンリ・ベルクソンにとって，記憶とは脳にだけ存在する
ものではない。身体が覚えていて，昔打ち込んだサッカーのプレイが歳取って
からも無理なくできることなどということも，ベルクソンにとっては記憶であ
る。記憶は心身のあらゆる部分に，さらには他人との間にも広がって保存され
ている。

　このようなベルクソンの哲学を踏まえれば，ウイルスに感染することによる
免疫の形成は記憶と呼んで全く差し支えないことになる。また，記憶が社会に
広く共有されているということがあるならば，そうした社会的記憶が人々の経
済活動や経済成長に影響を及ぼすことは当然あるだろう。

⑵ 経済における記憶

　経済において，将来に向けての予測に基づいて行動を決めることはよくある話だ。将来株価が上がることを予測して株式を購入したり，為替の下落を予測して外貨を売却したりする。

　だが，将来が遠くになればなるほど，予測は難しくなる。私たちの経済的な見通しは近い将来なら比較的容易に形成できるが，遠い未来になればなるほど，予測が難しい，ぼんやりしたものにならざるをえない。

　こうした未来への遠近法を反映しているのか，人々は同じ金額でも手に入る時期が未来になればなるほど小さく評価することが知られている。経済学ではこの行為を割引と呼んで，人々の経済行動の前提であると考える。

　それまで，過去の記憶が現在の経済活動に影響を与えることを理論的に明示した研究がなかったなかで，フランスの経済学者モーリス・アレは初めてそれを提案した。

　アレは将来の価値の割引と同じように，過去についても近い過去であれば現在への影響は大きいが，遠い過去になればなるほど現在への影響が小さくなると考えた。そして，それは記憶が失われる忘却の過程であるとしたのである。

　こうした過去の記憶とその忘却は，人々の貨幣需要を通じて現在の経済活動に影響を与える。そして，それはさらに，未来へ向けた経済成長にも影響を与えることにならざるをえない。

2．割引と忘却

⑴ 所得の割引

　私たちが働いたり株式を所有したりして得る所得は，定期的な収入として存在している。来年の所得，再来年の所得，といった具合に遠い将来まで続くその流れを所得流列と呼ぶこともある。

図表2-1　将来の所得の割引

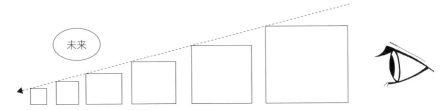

未来

　もちろん，人には寿命があるし，定年を迎えて仕事を辞めれば，それで所得が無くなることもあるだろう。しかし，経済学で将来の所得流列を問題にするときは，計算の関係で無限の将来まで続くと想定するのが普通である。

　株式の配当はときどき増えたり減ったりするかもしれないが，会社などに勤めてもらえる給与所得はほぼ一定の金額が確実にもらえる。だから，来年の300万円の所得と10年後の300万円の所得の間に，確実性において違いがあるわけではない。だが，人は来年手に入る300万円の方を10年後に手に入る300万円よりも高く評価するのではないだろうか。

　実はそうなる理由を経済学でははっきりと説明できていない。ただ事実の問題としてそうであるので，この現在に近いほど高く，現在から遠い将来ほど低く評価する性質を時間選好と名付けている。ある経済学者は，その理由を人間の想像力の弱さに帰する議論をしている。

　ともあれ，こうした割引率を5％であるとすれば，毎年300万円が手に入る所得流列を現在の価値に直して合計する計算は，式(1)のようになる。

$$\frac{300}{1.05}+\frac{300}{(1.05)^2}+\frac{300}{(1.05)^3}+\frac{300}{(1.05)^4}+\cdots=\frac{300}{0.05}=6000 \tag{1}$$

　これが所得の割引現在価値と呼ばれるものである。この人が無限の未来に向かって得る毎年300万円の所得は，現時点で考えれば6,000万円に相当するということである。

⑵　所得と支出

　所得は必ず支出される。と言うより，支出と同額の所得が生み出されると
いった方がよい。

　企業が保有している建物，機械，設備を経済学で資本と呼ぶ。会社に雇用さ
れた人々はこれらの資本を使用し，働いて形ある品物である財や，形のない役
立ちであるサービスを生産する。人々が働くことを労働と呼ぶ。

　所得は，資本と労働という生産要素への報酬である利益と賃金のことである。
だから，生産された財やサービスが販売されて初めて所得が生み出される。販
売されるためには，人々が所得を支出することが必要である。このように，支
出が所得の前提であり，所得が支出の前提であるという相互規定的な関係に両
者は立っている。

　賃金や給与と呼ばれるものは勤労者家計の所得である。利益は，企業のなか
に留め置かれる内部留保を除いて株主家計の所得である配当に回される。各家
計に分配された所得は，生活のために必要な財やサービスを購入する消費支出
に使われ，残りは貯蓄される。貯蓄された所得は，銀行などの金融機関などを
通じて企業に貸し出される。企業は，先に述べた内部留保と借り入れた資金を
使って新しく建物や機械や設備を購入するのである。これが投資である。

　結局，消費と投資を合わせると利益と賃金という所得に等しくなり，現実に
も所得＝支出の関係が成り立っていることが確認できるのである。

⑶　支出の忘却

　このように将来に渡ってこれから受け取ることになる所得は，現在を軸に折
り返すと既に使われて支出となる。所得と支出の関係は現在を境に対称的に
なっている。

　こうした所得と支出の対象性から発想したのかどうかは知らないが，アレは
将来の所得を現在から遠い未来になるほど低く評価する性質を過去の支出に適
用することを考えた。

図表 2 - 2 〉 過去の支出の忘却

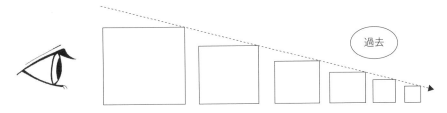

過去

　人々が遠い将来の所得を低く，近い将来の所得を高く評価する時間選好に相当するのが，過去の支出の場合，忘却である。人の記憶は完全ではなく，遠い過去のことは忘れてしまうということである。

　たとえば，無限の過去からずっと毎年300万円の支出を行ってきた人がいるとする。それを 5 ％の率で遠い過去ほど小さくなるようにすると，式(1)と全く同じ計算になる。毎年300万円ずつの支出流列は現在で見ると合計6,000万円として記憶されているわけである。アレはこの 5 ％のことを忘却率と名付けた。アレはそう呼んでいないが，私たちはこの6,000万円のことを支出流列の残存現在記憶と呼ぶことにしよう。

　実際には将来の所得についても同じようなことが言えたのだが，特に過去の支出について言っておかなければならないのは，支出が過去のある時点で増えたり減ったりすることが残存現在記憶の金額に影響を及ぼすということである。支出額が300万円ではなく500万円であった過去があれば，当然支出流列の残存現在記憶は6,000万円より大きくなる。ただ，その額の増え方は，10年前が500万円の支出であった場合より，去年が500万円の支出であった場合の方が遥かに大きいのである。

3. ベルクソンの記憶と時間

(1) 時間の流れと記憶

　哲学者ベルクソンは，未来，現在，過去という常識的な時間の流れを，座標軸の上に並べて量的に捉えることを拒絶しようとする。なぜなら，私たちが生きている時間はそんなものではないからだ。私たちは今を生きている。今は訪れつつあるものであって，今を意識的に振り返ったときは既に過去になっている。だから，私たちは意識において過去を捉えることはできても，絶対に現在を捉えることはできない。

じつは現在は，たんに出来しつつあるものにすぎない。現在の瞬間は，かりにあなたがそれを不可分な境界と考え，それによって過去と未来が分離するものと理解するならば，これほど存在からほど遠いものはない。この現在をまさに在るべきものと考えるなら，現在はなお存在していない。たほうそれを存在しているものと考えるとき，現在はすでに過ぎ去っている。これとは反対に，具体的で，意識によって現実に生きられる現在を考察する場合，当の現在は，その大部分についていうなら，直接的な過去のうちにある。（中略）あなたの知覚は，だからそれが瞬間的なものであったとしても，数えきれないほどの数をふくむ，思いおこされる要素からなっているから，ほんとうのところ，あらゆる知覚はすでに記憶なのである。私たちはじっさいには，過去しか知覚することができない。いっぽう純粋な現在は，過去が未来へと食いこんでゆくとらえがたい進行なのである。（ベルクソン（1896），翻訳，pp.297-298）

　私たちにとって現在は，決して冷静に対象化できるような止まった時間ではない。それは変化の坩堝であって，知覚するのではなく，文字通り生きるしかない混沌である。私たちが通常言っている時間は，だから，過去という記憶の

領域のなかにしかない。

⑵　記憶の諸相

　ベルクソンは記憶を二つに分類する。私たちに過去という時間を感じさせる記憶は，そのうちの純粋記憶の方である。

記憶がじっさいに，したがってまた通常はたす操作，すなわち現在の行動のために過去の経験を利用すること，要するに再認は，ふたつのしかたで遂行されるのでなければならない。ある場合，それは行動そのもののなかで，環境に適合した機構をまったく自動的に作動させることによっておこなわれるだろう。べつの場合，操作は精神のはたらきをふくみ，そのはたらきが，現在の状況にもっともよく組みいれることのできる表象をもとめて過去へと赴き，それによって現在をみちびこうとするものとなるだろう。(同上，pp.152-153)

　前者の記憶は身体に伴う記憶である。たとえば，サッカーの選手はボールの蹴り方を繰り返し練習することで身体に覚え込ませ，自然と身体が動くように習慣化する。そうしてこそ，いざゴール前でボールが回ってきたとき，意識せずに適切な仕方でシュートができるのである。また，試験前に英単語の意味を，単語カードを繰り返し捲ることによって脳髄に覚え込ませる。そうすることでその単語が問題文に現れたとき，反射的に意味が思い浮かぶようにするのである。
　新型コロナウイルスに感染した過去があることを，身体が覚えているという意味で，免疫もまたこうした身体的記憶の一種と言っていいだろう。ウイルス感染も私たちに過去の刻印を残すのである。
　一方，後者の純粋記憶は全く異なる種類の記憶であるとベルクソンは言う。たとえば，初恋の女の子と30年ぶりにばったり出会ったとき，高校からの帰り道の二人の姿が，暑い夏の日差しや蝉の声と共に鮮明に蘇ったとしよう。この場合，身体的な記憶と全く異なり，純粋に過去そのものがありありとしたイ

メージと共に意識の表面に浮上してくるのである。

⑶　記憶はどこにあるのか？

　ベルクソンは，通常そう考えられているように，記憶が頭脳のいずれかの場所に保存されているという考えを徹底的に否定しようとする。

身体の役割は，記憶を貯蔵することではない。ただたんに有用な記憶を選択し，身体が記憶に附与する現実的な実効性をつうじて，記憶を判明な意識にもたらすことである。有用な記憶とは，現在の状況を，最終的な行動に向けて補完し，照明していくものなのだ。(同上，pp.351-352)

　脳髄は記憶の貯蔵庫でなく，現在の行動に必要な記憶を蘇らせるための装置だという。であれば，いったい記憶はどこに存在するとベルクソンは言うのか。まるで，初恋の人と過ごした過去が，どこか別世界に今も現在として生きていて，私たちはそれを脳という受像機を通じて覗いているのだ，とでも言いたげな口ぶりである。
　ベルクソンによれば，記憶は呼びさまされる限りにおいて常に現在である。現在に呼び起こされた記憶はもはや知覚であって記憶ではない。

私たちの現在とは，なによりもまずじぶんの身体の状態なのである。私たちの過去は，これに対して，もはやはたらいてはいないが，しかしはたらきかけうるであろうものであり，現在の感覚のうちに入りこんではたらき，そこから活力を借りうけようとするものである。実のところ，記憶が現勢化して，このようにはたらきかけるその瞬間に，それは記憶であることを止めて，ふたたび知覚となるのである。(同上，p.407)

　この説明はよくわかる。記憶がありありとしたイメージを伴って蘇って来たとき，私たちは暑い日差しや花の香りを今その場で体験していることのように

感じるだろう。つまり，想起された記憶はもはや過去の記憶ではなく，生き直された現在の体験なのである。

　ここでベルクソンが言おうとしているのは，記憶とは現在と関係のない過去の記録ではなく，現在の行動に影響を与えるためにどこからか現在にもたらされる特別な知覚であるということである。記憶は現在に影響を与える限りで価値を持つ。そうでなければ，忘却したのと全く一緒であるし，忘却して全く差し支えないものである。

　あらためて問おう。記憶はどこにあるのか？　ベルクソンの言葉では，それは身体や物質界とは区別された精神界にあるということになる。

脳の状態は記憶を継続させる。それは記憶に物質的なありかたを与えることで，記憶に現在をとらえさせる。いっぽう純粋記憶とは一箇の精神的な発現である。記憶とともに私たちは，まぎれもなく精神の領域へと立ちいっていることになる。(同上，pp.407-408)

　ベルクソンが精神界に記憶があるというとき，経済学で考えている私たちは額面通り受け取ることはできない。私たちの文脈に引き戻して言うならば，おそらく記憶は社会に生きる人々に共通のものとして人々の関係性のなかに貯蔵されていると言うべきではないだろうか。

4．金利と貨幣需要

⑴　金利と自然利子率

　前々項で見た将来の所得流列の割引率は，通常金利と同一視されている。では，この金利の決まり方について，経済学ではどのように考えてきたかをおさらいしておこう。

　まず，哲学者ベルクソンと同じころに活躍したスウェーデンの経済学者ヴィ

クセルは，人々が所得の一部を取っておく貯蓄と，まとまった支出を必要とする投資がちょうど等しくなるように金利は決まるべきだと考えた。

貯蓄は金利が低いときは金額が少なく，金利が高いときには金額が多いので，横軸に金額，縦軸に金利を測った平面上で右上がりのグラフになる。投資は金利が高いとき金額が少なく，金利が低いときに金額が多いので右上がりのグラフである。

こうして，**図表2-3**に見るように，両方のグラフが交わるときの金利で，貯蓄と投資が金額的に等しくなる。ヴィクセルはこのときの金利を自然利子率と名付けた。

ヴィクセルが市場利子率と呼ぶ現実の金利が自然利子率を上回ると，貯蓄が投資を上回ることになる。そうすると，銀行から出ていく貨幣が少なくなる一方で銀行に入ってくる貨幣が多くなるため，市中に出回っている貨幣が少なくなる。このことによって物価が下落するデフレーションがもたらされるのである。

市場利子率が自然利子率を下回ると，今度はインフレーションが引き起こされる。この場合，投資が貯蓄を上回っているため，銀行から出ていく貨幣が多くなる一方で銀行に戻ってくる貨幣が少なくなり，市中に出回っている貨幣が

図表2-3〉 自然利子率の決定

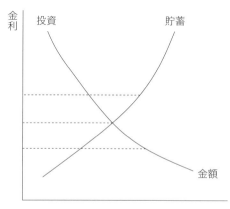

多くなるからだ。

　日本銀行が維持してきた超低金利政策は，マイナスの領域に入っているとも考えられた自然利子率水準まで市場利子率を引き下げることを目指していたとも解釈される。目的はデフレーションからの脱却であったのだ。

⑵　貨幣市場と流動性選好

　市場と言えば，財やサービスの需要と供給が出会う場である。財やサービスではなくても，人々が働くことである労働の需要と供給が出会う労働市場というのもある。企業がいくらの賃金ならどの程度の人数を雇いたいかが労働の需要であり，いくらの賃金ならどのくらいの人が働きたいかが労働の供給である。

　同じような理屈で貨幣市場というものを考えることができる。世の中にどのくらいの金額の貨幣があるかを貨幣の供給とする。人々がどのくらいの貨幣を手元に置きたいかを貨幣の需要とする。そうすると貨幣市場をイメージすることができるわけだ。

　図表2-4は横軸に貨幣量を，縦軸に金利を測った平面上に貨幣需要と貨幣供給のグラフを描いたものである。経済学者ジョン・メイナード・ケインズは，ヴィクセルのような投資と貯蓄の資金の市場で金利が決まるのではなく，この

図表2-4　貨幣需要と貨幣供給

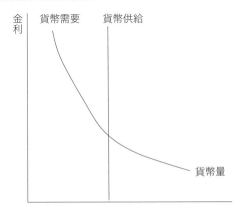

貨幣市場で金利が決まるという新しい考え方を提起したのである。1930年代のことであった。

　貨幣供給は，ここでは中央銀行が決めていると考える。だから，貨幣供給のグラフは，金利に関係なく供給量が一定ということで垂直になっている。貨幣需要の方は，金利が高いときに需要量が少なく，金利が低いときに需要量が多いために右下がりになっている。これは貨幣を保有していても利息が付かないために，金利が高いときには貨幣を保有することのデメリットが大きくなるからである。もちろん，金利が低ければそのデメリットが小さいから，その分需要量が増えるのである。

　ケインズがこうした考えを提起したことによって，貨幣供給が金利に影響を与えている可能性が認識されるようになった。つまり，貨幣供給を増やすことで金利を引き下げて投資を促したり，貨幣供給を減らすことによって金利を引き上げて投資を抑制したりすることが考えられるようになったのである。

(3)　記憶と貨幣需要

　貨幣供給を M，貨幣需要を L で表すことにしよう。ここで M はマネーの頭文字，L は貨幣の持つ好ましい性質である流動性，つまり，英語のリクイディティーの頭文字である。

　前章に出てきた経済学者マーシャルや，ヴィクセルの時代には，貨幣は財やサービスの交換を媒介する道具に過ぎないと見なされていたから，貨幣需要は流通額に比例して決まると考えられていた。財やサービスの流通額は国民所得 Y に等しい。だから，最初の貨幣の需給均衡式は式(2)である。

$$M = L(Y) \tag{2}$$

　これに対して，ケインズが提起したのは，貨幣需要が金利に大きく影響されるということである。つまり，これによって式(2)は式(3)へと変化した。

$$M = L(i, Y) \tag{3}$$

　図表2-4の貨幣需要のグラフは，国民所得 Y が一定であるとして描いたものである。国民所得の大きさが変われば，貨幣需要のグラフが左右にシフトする。

　これら二つの式で，貨幣供給量 M が一定に固定されているとしよう。式(2)では国民所得 Y も一定でなければイコールが成り立たない。そんなとき，もし財やサービスの生産量が増えたらどうなるだろうか。国民所得 Y が各財・サービスの生産量にそれらの価格を掛けて合計したものであることを思い出そう。このことから，貨幣供給量が一定で生産量が増大すれば物価が下落することがわかるのである。

　式(3)ではどうなるだろう。もちろん，生産量の増加を物価の上昇で吸収し，国民所得 Y を一定に保つことも可能だが，物価水準が変わらず Y が増加しても金利 i が上昇すれば，貨幣需要量を貨幣供給量と等しくなるように抑制することができる。それは，**図表2-4**で貨幣需要のグラフだけが右にシフトしたときに金利が上昇することに対応する。

　本章第2節で定義した支出流列の残存現在記憶を Z とする。アレはこれを用いて，貨幣の需給均衡式を式(4)で表した。

$$M = L(i, Y, Z) \tag{4}$$

　つまり，貨幣需要は今年の国民所得や現在の金利だけでなく，過去の支出額の記憶にも依存するのである。近い過去に多くの支出を行っていた場合，その記憶が残っているため，今年の貨幣需要は大きくなる。だから，貨幣供給量が一定であるとき，物価水準が変わらない条件で生産量を増やすと，そうでない場合に比べて金利が大きく上昇せざるをえないのである。

5. 貨幣と経済成長

⑴ 貨幣がないときの経済成長

　経済というものは，過去から現在を経て未来へと成長を続けるものである。様々な経済成長の理論の元になったのが，1950年代にアメリカの経済学者ソローによって提示された考え方であった。そこでは，貨幣が問題にされていないが，先ずソローの理論を押さえることで経済成長の考え方を習得してもらうことにしよう。

　既に述べたように，国民所得を生み出すためには生産要素である労働と資本が必要である。労働が増えても資本が増えても国民所得は増大するだろう。ただ，労働の増え方と資本の増え方が違う場合，これを同時に考えようとすると3次元のグラフにならざるをえない。労働の軸と資本の軸と国民所得の軸の3本を設けなくてはならないからだ。

　これは不便なので工夫をする。資本を労働で割って一人当たり資本 k を横軸で測るのである。縦軸もこれに合わせて労働で国民所得を割った一人当たり国民所得 y を測ることにする。

　一人当たり資本と一人当たり国民所得の関係は，一人の勤労者が多くの資本を使用して生産していると生産性が高まるから，**図表 2 - 5** のように右上がりのグラフで表現できる。ただし，そうした資本装備が少ないときに比べて，資本装備が多くなるとそれ以上の生産性の伸びが望めなくなるので，傾きは右に行くほど頭打ちになるだろう。

　ここで一定の貯蓄率を s とする。一人当たり国民所得にこの s を掛けた額が，一人当たり貯蓄である。貯蓄は投資となって資本を増やすので，労働人口に変化がなければ，一人当たり貯蓄に等しい分だけ来年の一人当たり資本が増えることになる。

　だが，実際は，労働人口が毎年増加していく。その増加率を n とすれば，あ

図表2-5 経済成長と生産要素

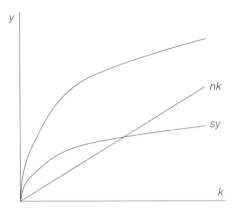

る年の一人当たり貯蓄が nk だけないと一人当たり資本を一定に保てない。た
とえば，今年の一人当たり資本が10で勤労者が100人，労働人口増加率が0.1で
あるとする。この場合，nk は 1 となって，来年の総資本は（10＋1）×100＝
1100である。来年の勤労者数は100×1.1＝110となり，来年の一人当たり資本
も今年と同じ10になるのである。

　右上がりの直線は nk である。この直線と一人当たり貯蓄の曲線の交点より
左では，一人当たり資本を一定に保つ貯蓄額より実際の貯蓄額が大きいから一
人当たり資本は増加を続ける。逆に，右では一人当たり資本を一定に保つ貯蓄
額より実際の貯蓄額が小さいから一人当たり資本は減少を続ける。どちらから
始まっても，一人当たり資本額は必ず交点に近付き，そこに到達して安定する。

(2)　貨幣があるときの経済成長

　経済学者ケインズが貨幣需要を決める要因として金利を加えたのは，貨幣を
単なる流通の媒介物とせず，人々が資産の一つとみなしていると考えたからだ。
ケインズの考え方を受け継ぐ，アメリカの経済学者ジェームズ・トービンは，
ソローの経済成長の考え方に資産としての貨幣を加えた理論を提案している。

　ソローのモデルでは，人々の貯蓄は全て資本，すなわち，建物，機械，設備

といった実物資産に変わると考えていた。しかし，実際には，多くの金融資産が存在していて，そのなかには貨幣という資産もある。その貨幣に貯蓄の一部が回るというのが，トービンのモデルである。なお，経済学では，経済を一種の小さな数学的模型で示すので，それをモデルと呼ぶ習わしだ。

　さて，前項で見たような貨幣需要量 L の式を考える。アレの提起した，支出流列の残存現在記憶 Z は，既に与えられたものだから一定である。また，ケインズが加えた金利 i も今は変化しないとしよう。そうすると貨幣需要は単純に国民所得 Y だけで決まることになる。さらに，貨幣需要が国民所得 Y に比例し，その比例定数を λ であるとする。

$$L(\bar{i}, Y, \bar{Z}) = \lambda Y \tag{5}$$

　だから，人々の資産のうち，所得に対する λ の割合は貨幣となっていて，残りが実物資産である資本ということになる。貯蓄でも，そのうち λ の割合は実物投資ではなく貨幣残高を増加させるのに回される。

　所得に対して必要な貨幣の割合 λ に等しい貨幣は貨幣当局によって供給されているとすれば，資産形成に使えるお金は国民所得 Y に貨幣供給 M を加えた $Y + M$ になる。そのことを踏まえると，一人当たりの貯蓄は式(6)で表せることになる。

$$s(1 + \lambda n)y \tag{6}$$

　式(6)で括弧のなかの λ に労働人口増加率 n が掛かっているのは，貨幣当局が一人当たり貨幣残高を一定に保つために労働人口増加率と同じスピードで貨幣供給を増加させなければならないからである。

　これを実物投資に回る額に直すためには，式(6)から貨幣残高に回る分を引かないといけない。

$$[s(1 + \lambda n) - \lambda n]y = [s - (1 - s)\lambda n]y \tag{7}$$

　こうして，式(7)が，経済成長に関わってくる，実物投資に回る一人当たり貯

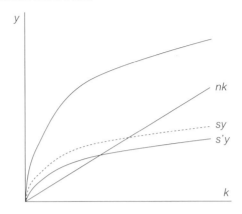

図表2-6 貨幣需要と経済成長

蓄額であることがわかるのである。

図表2-6に加えたのは，式(7)の大括弧のなかを s' に置き換えて曲線を描いたグラフである。グラフは本来の一人当たり貯蓄のグラフより下にあるが，それは $s' < s$ となるためである。

$$sy - [s - (1-s)\lambda n]y = (1-s)y > 0 \qquad (8)$$

ここからわかるように，他の条件に違いがない場合，貨幣があるときの経済成長の方が，貨幣がないときの経済成長よりも一人当たり資本は小さくなる。したがって，一人当たり国民所得も小さくなる。

式(7)からは λ が大きいほど，貨幣がある経済成長での一人当たり国民所得は小さくなることもわかる。過去の支出系列の残存現在記憶が大きいと λ も大きくなるので，支出の記憶が小さいほうが一人当たり国民所得は大きい。

また，金利が高くなれば λ の大きさが抑えられて，貨幣がないときの経済成長よりは小さいものの，一人当たり国民所得が幾分かは大きくなる。

(3)　貨幣そのものが効用を生む経済成長

アメリカからイスラエルに帰化した経済学者パティンキンは，貨幣残高その

ものが効用を生むと考えた。つまり，貨幣残高自体が何らかの金銭的利益に換算できる効用を生じさせる。今，その効用が実質金利 r に等しいと考えよう。

そうすると，貨幣当局による貨幣供給と，それが生み出す効用まで含めた所得の総額は式(9)で表されるものとなる。

$$[1 + \lambda(n + r)]y \tag{9}$$

したがって，一人当たり貯蓄は，式(9)に貯蓄率 s を掛けて式(10)になる。

$$s[1 + \lambda(n + r)]y \tag{10}$$

物的投資の額は，式(10)から貨幣残高の金額を引いて式(11)となる。

$$[s\{1 + \lambda(n + r)\} - \lambda n]y = [s + s\lambda r - (1 - s)\lambda n]y \tag{11}$$

図表 2 - 7 の一人当たり貯蓄のグラフは，式(11)の大括弧のなかを s'' として表したものである。

図表 2 - 7 では，$s'' > s$ の場合を描いている，これは，式(12)に見るようにそうなる可能性があるからである。

図表 2 - 7 〉 貨幣が効用を生む場合

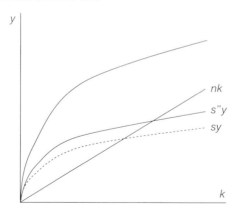

$$s - [s + s\lambda r - (1-s)\lambda n] = (1-s)\lambda n - s\lambda r \tag{12}$$

ここで式(13)が成り立つと，$s'' > s$ となることが明らかとなる。

$$(1-s)n < sr \tag{13}$$

　もっともらしい数値を入れてみよう。たとえば，貯蓄率が0.2，労働人口増加率が0.01，実質金利が0.05であれば，式(13)の左辺は $(1-0.2) \times 0.01 = 0.8 \times 0.01 = 0.008$ となり，右辺は $0.2 \times 0.05 = 0.01$ となるので，$s'' > s$ が成り立つことになる。

　このことから，貯蓄率と実質金利がある程度高く，労働人口増加率が低い場合，貨幣がないときの経済成長に比べて，貨幣があるときの経済成長の方が，一人当たり資本が大きくなる可能性があることがわかる。また，その場合，一人当たり国民所得も，貨幣のあるときの経済成長でのほうが，一人当たり国民所得が大きくなるのである。

6．おわりに

⑴　ウイルス感染の免疫と記憶

　哲学者ベルクソンによれば，私たちの記憶というものは脳髄を含めた身体に蓄積されているものではないかもしれない。脳を含めた身体の諸器官は，いずれかに蓄積されている記憶を現在の知覚として呼び起こすための変換装置のようなものにすぎない。

　おそらく，記憶は私たち個人のものというよりも，人々の関係性のなかに置かれ，言わば社会の共有財産として保管されているものと思われる。それは，とりわけ，時代の記憶とか経済的な意味での記憶に顕著に示されているのではないだろうか。

　ベルクソンは身体的記憶と純粋記憶を区別している。身体的記憶は職人の技とかスポーツ選手の技術のようなもので，必ずしも私たちの意識に上って来な

ソ

42

いまま，現在の行動のなかで発揮されていくような身体の動きである。

ウイルスに感染した場合の免疫も，私たちの意識を介在させずに身体が覚えているという意味でこうした身体的記憶の一つと考えてよい。

純粋記憶の方は，同じ場所を訪れて，かつて見た美しい風景がありありと浮かび上がってくるとか，人との忘れがたい感情や感覚が何かのきっかけで呼び起こされるとかいった類のものである。

(2)　社会的記憶と経済的記憶

社会的に蓄積されている記憶とは，共同の経験であって社会性がある記憶とか，経済活動などの社会活動に関する記憶のことと言えるだろう。後者の場合でも，行為自体が社会的なものであるので，その想起も現在における社会活動，経済活動に影響を及ぼすことが大いにあるからである。

経済学者アレは，過去の支出流列の残存する記憶が現在の貨幣需要の水準を決定していると考えた。貨幣需要のレベルが高いことで，経済成長などの現在から未来に向けての実体経済の動きも影響を受けることになる。

思えば，経済学は将来への期待のみを重要視し過ぎた嫌いがあるのではないだろうか。考えてみれば，日常の活動がそうであるように，経済活動においても過去の記憶が大きく影響することは十分に考えうることなのである。

| 参考文献 |

Allais, M. 'Forgetfulness and Money,' *Journal of Money, Credit and Banking*, Vol. 4, No. 1, pp.40−73, 1972.

Bergson, H., *Matière et Mémoire : Essai sur la relation du corps à l'esprit*, Félix Alcan, Paris, 1896.（熊野純彦訳（2015）『物質と記憶』岩波文庫。）

第3章　物質とヒステリシス：
チョコレートやガラスに刻まれる履歴

私の通る道筋は，いつも同じように決まっていた。
だがその日に限って，ふと知らない横丁を通り抜けた

猫町　散文詩風な小説…萩原朔太郎

もう少し先まで同じ道を辿っていきたかった。

こころ…夏目漱石

but again and again the same train of thought came back despite all his efforts to prevent it,

（重ねる努力虚しく，ただただ繰り返す思考回路から抜け出せずにいた）

Nicholas Nickleby…Charles Dickens
ニコラス・ニクルビー…ディケンズ

1.　はじめに

(1)　ヒステリシスとは

「いつもと同じ場所なのに，何かが違って見えた」という経験は，誰しもあるだろう。成功や失敗を経たあと，あるいは大変な称賛を浴びたり，屈辱的なことを言われたりした後に，見える風景は普段と大きく異なって見える。見えてくる風景は心理状態に影響されるので，快晴が清々しいときもあれば，憎らしいこともある。

　一方，物質に対しては，いつも同じ状態であることを期待してしまう。物質に心はないので，同じ温度であれば，いつもと変わることはない。水道から出

てくる水や窓ガラス，コンビニのチョコレートにまで，常に同じクオリティを期待するのが当たり前だろう。しかし，そうとも限らない。

　水やガラスなどの無機物においても「同じ温度なのに，何かが異なる」ことがある。これをヒステリシスと呼ぶ。

　「ヒステリシス」とは，一般に，物質に与えられた過去の刺激が，未来の物性に影響を与える現象のことである。言い換えると，物質が刺激を受けた世界線と刺激を受けなかった世界線とでは，同じ温度であっても表層化する物性が異なる。これを受けて，ヒステリシスは，「履歴現象」とも呼ばれる。

　例えば，ヒステリシスを示す身近な物質にチョコレートがある。チョコレートは，一度溶けると，冷蔵庫に入れただけでは，溶ける前の口溶けのよい状態に戻ることはない。もし，それが一流のショコラティエの作る高級なチョコであれば，なおさら歴然とした味の差が生じる。

　第2章でも登場したアンリ・ベルクソンの考えに倣えば，記憶とは人の脳にのみ宿るものではなく，チョコレートにも宿るともいえる。

　本章のタイトルは，「物質とヒステリシス」であるが，ベルクソンに倣って「物質と記憶」に置き換えるのも悪くない。本章で述べるヒステリシスは，それほど記憶と密接な関わりを持つ内容であり，ベルクソンのいうところの記憶に関する科学的な記述と言い換えることもできる。

⑵　物質に宿る記憶

　「物質に記憶が宿る」というと，怪しげなスピリチュアル疑似科学的な思想と勘違いされるかもしれないが，そうではない。数学，物理学，化学，地質学，生物学などの自然科学に限らず，経済学や言語学などの人文学とも密接な関わりを持つ学際的なテーマである。

　ヒステリシスには，物質に与えられる様々な刺激の種類に対応して，様々な種類がある。熱力学，電磁気学，流体力学をベースとした結晶工学，化学工学などへ展開され，現代の産業技術を支える研究分野である。一方，学際的なテーマであるため，ヒステリシスそのものを扱う著書は非常に少ない。

　例えば，チョコレートが示すヒステリシスは，「熱ヒステリシス」現象に分類される。チョコレートの主な原料は，ココアバターであるが，それがどのような過程で固められたかという熱的な「履歴」次第で，口溶けの良い美味しいチョコレートになるか，それとも美味しくないチョコレートになるかを決定する。

　同様に，スマホ画面を守る硬質ガラスフィルムも「熱履歴」が重要な役割を果たす。ガラスを高温でのどろどろ状態から，ある冷却過程を経て固められることで，通常の一定速での冷却では得られないような硬さと粘り強さを与える。これも「熱ヒステリシス」現象の一つである。

　他にも「磁気ヒステリシス」現象が挙げられる。渡り鳥が，長距離の旅で"空の道"を間違えないのは，網膜に携えた"コンパス"を使って，南から北へ向かう地球の磁場を捉えているからである。実は，地球の磁場は，地表の岩石に宿っており，これを検出することで，地球が誕生してから，数十万年周期で反転を繰り返しているということが地質学の通説となっている（菅沼（2020））。

　地表の岩石は，マグマが地表に噴出して，冷え固まってできる。このときに，多くの岩石が弱いながらも磁石化する。磁石には，N極とS極があるが，どの方向で磁石となるかは，地磁気が決定する。つまり古い年代の地表は，反対方向に磁化しているということになる。古代の岩石を採掘することは，当時の地球の磁場の記憶を文字通り掘り起こすことにほかならない。

2. なぜ，一度溶けたチョコレートは，美味しくないのか？

　最寄りのコンビニを出て
　誘惑に負けた君の手に
　チョコ一つ乗ってて　見慣れた深夜の家路
　あやまって炎天下に　チョコ置き去り
　溶かしちゃって　思いついて　そうだ

冷蔵庫に投げ込んだ　中身は一緒
□に入れたら一緒だって　思い切って
夜が明けた　老いぼれのメタモン　みたいなチョコになって
□にして気づく　もう取り返しのつかない　時間がそこにあって

(F.U.A.P. 出所：筆者作成)

(1)　チョコレートに閉じ込められた記憶

　冬になると冬季限定なんとかキスなど，ちょっとお高いがとても美味しいチョコレートがたくさん店頭に並ぶ。一方，夏場に夏季限定のチョコレートはほぼ皆無に等しい。

　マーケティング的に理由を考えると，「冬は体温維持のためにエネルギー吸収の良い食べ物を欲するため，お菓子メーカーは，冬場にチョコレートを大々的に売り出す」という回答もあるかもしれない。

　しかし，作り手の観点に立つと，冬は美味しいチョコレートをお届けする条件が揃っている。一方で，夏はチョコレートにとって残酷な現実が待ち受ける。美味しいチョコレートの条件の一つは，何より口溶けの良さにある。手に溶けず，口に入れた瞬間に舌触りよく溶けるチョコレートは，気温の高い夏場では消費者に届けるのが難しい。仮に店頭までクール便で運び，冷蔵保存し，消費者の手に渡ったとしても，店を出た途端に溶けてしまう。だから，美味しいチョコレートを食べられるチャンスは冬に到来する。

　真夏の炎天下にチョコレートを置き去りにした経験は誰にもあると思う。そして，一度は冷蔵庫に入れて固めて食べたことがあるだろう。お世辞にも美味しいものではなかったはずだ。白い粉を吹き，見た目も悪い。また，口溶けも悪く，舌にまとわりつき，香りは溶けた時に大半が失われてしまう。溶けてしまった美味しいチョコレートを冷蔵庫に入れても元の口溶け，香りは戻ってこない。

　チョコレートは，製造過程における温度履歴がその状態に刻まれる。チョコレートを味わうとは，ショコラティエによって，チョコに刻まれた記憶を読み

取ることにも相当している。

　美味しいチョコレートの融点（溶ける温度）は，36℃程度と言われている，これは，口の中でちょうど溶ける温度である。この温度で溶けるように，ショコラティエは技術を磨き，お菓子メーカーは，チョコレートの製法を改良する。

⑵　口溶けの良さを決めるものは何か？

　上野聡によると，「チョコレートは食べる結晶」である（上野（2017）p.18）。

　結晶構造に依存して，融点（結晶が液化する温度）が異なり，口溶けの良さを決定する。

　結晶化とは，どろどろの流体が固体になることを示すが，単に固化といわずに結晶という言葉を使っているのは，後々にガラスの話にも関わるので，少し詳しい説明を加える。

　結晶化は，狭義の固化であり，分子が規則正しく配列している時の固化を結晶化と呼ぶ。一方で，分子配列が不規則に固化することを，ガラス化という。

　チョコレートの主成分は，ココアバターである。チョコレートの結晶化とは，

図表3-1 〉　世界的に有名なパズル「ペントミノ」。正解パターンは無数

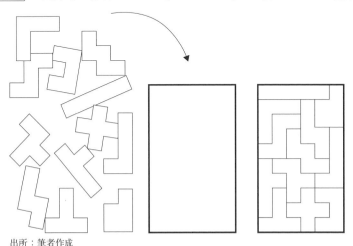

出所：筆者作成

分子的には，ココアバター分子の規則的な配列化に相当する。この結晶化のパターンが，一通りではないことがチョコレートの口溶けを決めている。

　この分子の配列パターンが複数あることは，ペントミノと呼ばれるパズルを思い浮かべてもらうとわかりやすい。おそらく，子供の時にやったことがある人は多いのではないだろうか？　十字形やＴ字形，コの字型など色々な形のピースを決められた四角枠の中に，一つのピースも余すことなく，全て空間に敷き詰めるという単純なパズルゲームである。

　ペントミノの正解パターンは無数にあり，このケースで2,000通り以上ある。

　チョコレートは一度溶けると，配列がバラバラになり，美味しさを保つ配列が失われてしまう。再度冷蔵庫に入れたとしても，元の美味しい配列に戻ってくれない。元の美味しい配列にするには，テンパリングというショコラティエが編み出した匠の技が必要になる。

3．美味しいチョコレートの構造と美味しさを生む技法

⑴　『チョコレートは食べる結晶』（上野聡）

　チョコレートの結晶は，主に6種類の存在が確認されている。

　ペントミノと比較すると非常に少ないことは，意外に思われるかもしれない。確かに，チョコレートは四角い枠という制約がないパズルなので，もっと多くなってもいいのではないかと。

　チョコレートの結晶パターンが，一桁程度の多様性しか見つかっていないのは，科学の進歩が足りないのではない。結晶が満たすべき対称性という別の制約条件が課されるため，数学的根拠がある。

　驚くべきことに，ヒトは，この結晶構造の違いを味覚で判断できる。

　科学的にも結晶構造の違いは確認されている。X線をヒトに当てると，肌を通過して体内の骨や臓器の透過像がレントゲン写真として得られるが，X線を結晶に当てると，分子の規則的な配列を反映したラウエ写真というものが得ら

図表3-2 〉　単結晶へのX線照射による典型的なX線回折像（ラウエ斑点）

出所：著者作成

図表3-3 〉　粉末結晶で得られる典型的なX線回折像

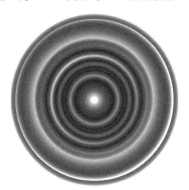

出所：著者作成

れる。

　ラウエ写真は，とても美しい規則的な点の配列パターンから成り，このパターンが変化することは分子の配列パターンの変化を意味する。

　ところで，このラウエ写真は，きれいな一粒の大きな結晶にX線を当てた

時にのみ観測される。チョコレートの場合は，小さな結晶粒子の集合体であるため，ラウエ斑点を回転させた時の軌跡に相当する同心円状のパターンが得られる。

斑点の織りなすラウエ写真と比べると，アルハンブラ宮殿のような繊細で優美なパターンは失われて，若干見劣りするが，それでも，結晶の周期的配列を反映した同心円状のパターンが得られる。科学的には，結晶の周期配列に関する情報を得るには十分である。

⑵　美味しいチョコレートを作る熱履歴

結晶構造が明らかになる以前から，ヒトが美味しいと思うチョコレートの結晶構造はわかっていた。ヒトは，X線を使わずとも，舌でチョコレートの結晶構造を識別できる。

科学的根拠が得られたのは極めて最近のことである。X線の構造解析によって，ヒトが感じるチョコレートの結晶の中で，最も心地よいものが，V型という結晶構造であるとされている。V型結晶は，口に入れると同時に溶けて，なめらかな触感と香りを放出するための理想的な融点を示す（佐藤・上野（2011））。

口溶けの良いV型結晶チョコレートを作るには，職人の技が必要である。特に，熱履歴と関連が深い「テンパリング」と呼ばれる技法が重要な役割を果たしている。テンパリング（tempering）は，チョコレートを固める時の温度調整の技法で，temperature（温度）と語源を同じくする。

どろどろのチョコレートを単純に冷蔵庫で冷やし固めると，V型以外の結晶がいくつも生まれた結果，口溶けの悪いチョコレートができてしまう。テンパリングを行うことで，V型結晶のみからなるチョコレートを取り出せる。

具体的に，テンパリングは次のような熱操作を与える。

まず，50℃でどろどろの状態のチョコレートを①27℃に冷やす（A）。次に，②31℃に加熱する（B）。最後に，③15℃に冷やす（C）。これでV型チョコレートは完成する。

図表3-4 テンパリングありとなしの過程の生成手順。いずれもスタート
は50℃のどろどろ状態。

テンパリングありの場合	テンパリングなしの場合
①27℃に冷やす（A）	①15℃に冷やす（C）
②31℃に加熱する（B）	
③15℃に冷やす（C）	

出所：筆者作成

図表3-5 チョコレートを固める2種類のレシピ
（左上）テンパリングを施した冷却過程　（右上）テンパリング
をしないシンプルな冷却過程　（下）誤ったテンパリング過程

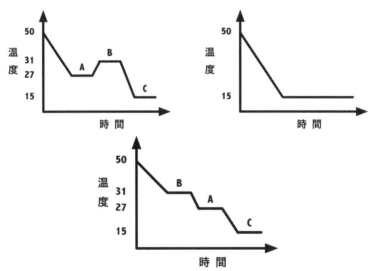

出所：筆者作成

　もし，テンパリングを行わずに，シンプルに50℃のチョコレートを15℃に冷
やしただけで固められたチョコレートの場合，V型ではないチョコレートが多
く生成する。

　では，もしAとBの操作を入れ替えた場合どうなるか？　残念ながら，や
はりというべきか，V型結晶はできない。このテンパリングの操作は，手順が

重要な役割を果たす。それが熱ヒステリシスの本質である。

　ヒトがチョコレートを味わうという行為は，チョコレートに刻まれた温度の履歴を味わう行為に他ならない。なぜなら，チョコレートの結晶構造は，チョコレートの経験した温度履歴によって決定されるからである。

⑶　各温度で何が起きているか？：結晶成長の古典論

　チョコレートのテンパリングありとなしの熱履歴をまとめる。いずれもどろどろ状態のチョコレートに対して以下の操作を与える。

　一体，AとBの過程で何が起きているのか？　これを説明するには，古典的な結晶成長理論が必要になるので，簡単に説明する。

　結晶成長とは，核生成過程と相成長過程と呼ばれる2つの過程で進行すると考えられている。

　核生成過程は，液体の中で，結晶のコアとなる小さな粒が生成する過程である。この粒を結晶核と呼ぶ。結晶核は，およそ分子10個程度の塊で形成され，大きさ数ナノメートル程度の結晶微粒子と考えられている。あまりに小さいため観測が難しく，実際に観測された例は皆無に等しい。ほとんどのケースで実体は捉えられていない作業仮説である。

　相成長過程は，結晶核が周囲の液体分子を巻き込んで，大きく成長する過程と考えられている。結晶相はある程度のサイズまで成長すれば，X線で検出可能になるので，実体として捉えることが可能である。ここで，重要なことは，核生成が起きていないと相成長は進行しないことである。

　テンパリングが重要となるのは，この核生成が進行する温度と相成長が進行する温度が異なる場合である。

　テンパリングの各過程では次のことが起きる。①Aの過程では，結晶核が生成する。この時，様々な結晶の粒が生成するがそのままほっておくと，美味しくない結晶の粒が生成する。②そこでBの過程が必要になる。Bの過程では，美味しくない結晶の粒を次から次へと溶かしていき，V型の結晶のみが生き残る。③最後にCの過程で安定な結晶を生成する。

　Bの過程を経ずに，Cまで冷やしてしまうと，Ⅴ型の美味しいチョコレートが成長する前に，美味しくない結晶が成長してしまう。

4. 変化の方向を決めるもの

⑴ 物質はより安定な状態を目指して変化する

　美味しいチョコレートがⅤ型の結晶である一方で，美味しくない結晶がⅠ，Ⅱ，Ⅲ，Ⅳ型とローマ数字が振られている。後者はどれも美味しくないことがわかっている。この節では，これら美味しくないチョコレートを代表してⅠ型結晶としておく。

　チョコレートがⅠ型となるか，Ⅴ型となるか？　変化を方向づける駆動力は何か？

　ボールが坂道を下るときには重力が働く。一方で，物質の状態が，液体からある結晶状態に変化する時に，変化を方向づける時も同様に重力に対応するある力が働く。

　重力の方向を決定するものを位置エネルギーと呼ぶ。ご存知の通りリンゴは，

図表3-6　物体に働く重力と位置エネルギーの関係：高いところにある物体は高い位置エネルギーを持つため，低いエネルギーとなるように重力は作用する

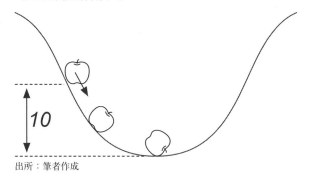

10

出所：筆者作成

54

より「位置エネルギー」の低い方向へ変化する。一方で，物質の状態変化の駆動力となるものを「自由エネルギー」と呼ぶ。物質の状態は，自由エネルギーの低い方向へ変化する。ちなみに，位置エネルギーを取り扱う分野は力学に相当し，自由エネルギーを取り扱う分野は熱力学に相当する。これらに共通する概念としてエネルギーがある。

　重力の場合，位置エネルギーは高さに比例するので，高さが10mのところにある物体は，高さ0mの状態へ向かって変化するように，重力が作用する。

(2)　物質の状態は，より自由エネルギーの低い状態を目指して変化する

　物質は，エネルギーが低い状態を目指して安定化する。したがって，より低いエネルギーの状態を安定であるといい，エネルギーが高い状態を不安定であるという。このことは，位置エネルギーや自由エネルギーなどエネルギーの種類によらず，共通している。というよりも，むしろあらゆるエネルギーはそのように定義されている。

　状態変化においては，液体状態と結晶状態でそれぞれ自由エネルギーが異なり，その大小関係で，状態変化の方向が決定される。

図表3-7　液体と結晶の自由エネルギーの模式図：温度が融点以下の時と融点以上の時で自由エネルギーの大小関係が異なる

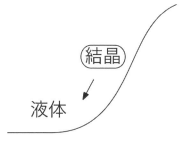

温度が低い　　　温度が高い

液体　　結晶　　結晶　　液体

出所：筆者作成

　温度が下がると，どろどろのチョコレートの液体状態は結晶よりも高い自由エネルギーであるため，結晶化する。一方で，温度が上がると，液体と結晶の自由エネルギーの大小関係が逆転するので，結晶から液体へと変化する。

⑶　2つの安定結晶があり得る時，状態変化はどこへ向かうか？

　実は，ここまでの話は，不安定と安定の2つの状態しかあり得ないケースに限った話であった。

　ところが，チョコレートのように複数の結晶状態が出現する時に，話は少々複雑になる。少々大雑把であるが，簡略化した形で，チョコレートの結晶化に関わるエネルギー風景を下図に描画する。

図表3-8　どろどろのチョコの状態と結晶Ⅰ（美味しくない結晶）および結晶Ⅴのエネルギー状態の誤った模式図：結晶Ⅰから結晶Ⅴへの単純な変化は生じない

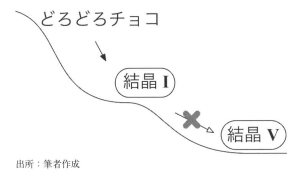

出所：筆者作成

　結晶Ⅰと結晶Ⅴの自由エネルギーの大小関係はすでにわかっている。結晶Ⅴの状態が，結晶Ⅰよりもエネルギーが低く，安定である。しかし，それにも関わらず，結晶Ⅰから結晶Ⅴへの変化は自発的に生じない。

　上のエネルギー風景図は，これだけではチョコレート作りの完全な記述にならない。実は，結晶Ⅰや結晶Ⅴが生成するには，それぞれの結晶状態に対応する核が生じる必要がある。それがすでに説明した結晶核の生成である。

56

⑷ 状態変化のエネルギー障壁：活性化エネルギー

　結晶核は，大変小さな結晶粒であり，大変不安定な状態にある。液体や結晶とは異なる自由エネルギーを持つ存在であると考えられている。結晶核を作るには，大きなエネルギーの山を登らねばならない。このエネルギーの山は活性化エネルギーとして知られている。

　活性化エネルギーの概念は，元々化学反応を説明するために生まれた概念で

図表3-9 〉 （上）実際に結晶化する際に，物質がたどる自由エネルギーの風景。結晶Ⅰは，結晶Ⅴよりも少ないエネルギーを使って結晶化する　（下）テンパリングの際に物質に生じる各状態の自由エネルギーの風景。結晶Ⅰの融点よりも高いため，結晶Ⅴ型を目指して，結晶化が進行する。

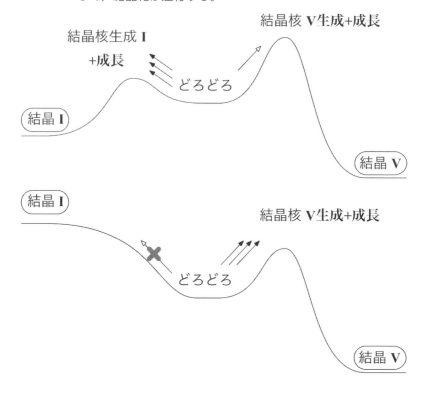

ある。なぜ温度を上昇させると諸々の化学反応が素早く進行するのか？　反応速度を理解するために現在も用いられる概念である。1889年にスウェーデンの物理化学者スヴァンテ・アレニウスによって定式化されて以降，化学反応に限らず，温度変化に関わる種々の物理現象の理解に有用とされている。

　テンパリングで，わずかに温度を上昇させる理由は2つある。一つは，美味しくない結晶の不安定化にある。不安定にすることで，その存在そのものを消去する。2つ目に，美味しい結晶V型の結晶核を生成しやすくする作用がある。美味しいV型の結晶は，核を作るのが難しく，高い温度にする必要がある。テンパリングによって，美味しくない結晶を不安定にし，美味しい結晶の核を作ることができる。

5. スマホ画面は割れるのに，高価なガラスフィルムが割れないのは，なぜ？

(1)　ヨーロッパに伝わるガラスに関する言説

　ヨーロッパでは，昔からこのような言い伝えがある。
　「古い教会のステンドグラスは，下へ向かうほど厚みが増している。ベネチアのガラス職人が下手だったからだ。」
　この言い伝えの真偽は未だ議論の最中に有るが，様々な研究結果から，
　「ガラスとは，非常にゆっくり動き続ける液体である」
このような考えが広く受け入れられている。
　つまり，職人が作製した時点では，ガラスの板は均一な厚みを持つが，時を経て少しずつ，それは目に見えないほどの地質学的な長いタイムスケールで途方もないほどの遅い速度で少しずつ動いているという。もし，何億年スケールでのタイムラプス動画を撮れば，夏場のアイスクリームのように，下へ下へと垂れ続けて，窓枠の下方にガラス溜まりを作っている最中であるからだという。とはいえ，当時のガラスの厚みを測った正確な記録は残されておらず，またそ

のような何億年のタイムスケールでガラスの厚み変化を追跡した動画があるはずもないため，真相はいまだ闇の中である（Edgar Dutra Zanotto（1998））。

⑵　世界最長の実験

　オーストラリアのクイーンズランド大学では，ガラス状態に関わる世界最長の実験と言われる「ピッチドロップ実験」が1927年に開始され，現在も進行中で，実験風景は YouTube で公開されている。

図表3-10〉世界最長実験を行うメインストーン博士と実験器具と実験の様子の二次元コード（https://youtu.be/UZKZF7FNh_0）

　この実験は，アスファルトの一種であるピッチと呼ばれる物質を用いて非常にゆっくりと流れる流体を観察しようとする実験である。このピッチという物質は，ハンマーで叩くと割れるほど固いが，一方で，写真にあるようにロートの上から注ぐと，非常にゆっくりと下に滴を作るので，液体である。つまり，ガラスほどではないが，ゆっくり動きすぎる液体を体現している。

　1927年に，トーマス・パーネルが開始してから，合計で9回滴が落ちるのが観測されている。およそ10年周期で滴が落ちたが，滴の落下を眼前で見たものはいない。この実験の功績は，パーネルとそれを引き継いだジョン・メインストーンの両名に対してイグノーベル賞が送られている。その後，実験は，アンドリュー・ホワイトに受け継がれて，現在に至る。

⑶　ガラスはどこへ向かっているのか？

　位置エネルギーの観点で現象を見ると，ピッチは重力に従って，下へ下へと流れ落ちていく。重力は，教会のステンドグラスにも同様に作用するので，下へ下へと垂れていくと考えられている。

　一方で，自由エネルギーの観点で考えてみるとどうだろうか？

　ガラスの主成分は，二酸化ケイ素である。ステンドグラスに限らず，割れやすいスマホの画面に使われるガラスやなかなか割れない高価な硬質ガラスフィルム，ひいては丈夫な車のフロントガラスに至るまで，いわゆるガラスと呼ばれるものは同じ二酸化ケイ素でできている。

　割れるガラスと割れないガラスでは何が違うのか？　それは構造に違いがある。チョコレートの場合，ココアバターの結晶構造の違いで，口溶けの良さが異なるのと同様に，ガラスの場合も構造の違いで強度が異なる。

　ただし，ガラスの構造は，チョコレートとは異なり，結晶構造を持たない。

図表3-11〉　二酸化ケイ素の自由エネルギー風景

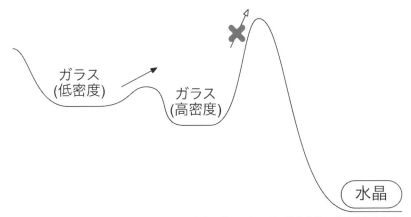

注：最も安定な水晶へと変化する際には，非常に高いエネルギー障壁を登る必要があるため，地質学的な時間が必要になる。一方で，高密度なガラスは，焼きなまし操作によって，短い時間で作成できる。
出所：筆者作成

ガラスはあくまでもゆっくりと動く液体である。二酸化ケイ素が結晶化すると，それは水晶と呼ばれる。ガラスも水晶も透明であるが，力学的な性質は異なり，ミクロには分子の配列が異なる。

二酸化ケイ素において，最も自由エネルギーが低い状態は，水晶である。二酸化ケイ素は，水晶へ向かって変化し続ける。ところが，その道中で，無数のガラス状態を経由する。より安定なガラスに到達するたびに，高密度なガラスができあがる。低密度から高密度のガラスを生成する過程を，焼きなましといい，ガラス細工や刀鍛冶の伝統的な技法として知られる。ショコラティエが，テンパリングによって，美味しいチョコレートを作るのと同じように，ガラスメーカーや刀鍛冶は，「熱ヒステリシス」を利用して，丈夫なガラスや日本刀を作っている。

6. 「リンゴ」の意味：分岐点では，手順が重要になる

カフェで席についたとき，隣の二人組の会話が耳に入ってきた。何を思い浮かべるか？

　　A：私は，リンゴの方が好き。

普通の人は，果物のりんごを思い浮かべるだろう。ところが，

　　B：宇多田ヒカルいいよね。

　　A：私は，リンゴの方が好き。

こうなると，リンゴの意味は，「椎名林檎」を意味する。あるいは，

　　B：ジョン・レノンいいよね。ポール・マッカートニーもいいけど。

　　A：私は，リンゴの方が好き。

この場合，リンゴの意味はビートルズのドラムス「リンゴ・スター」を意味することになる。このようなケースは他にも例を挙げれば，暇がない。

「リンゴ」という言葉の意味は，「果物：リンゴ」かもしれないし，「歌手：リンゴ」，あるいは「ドラマー：リンゴ」の可能性があり得る。その中で，Bが何を発するかによって，「分散」した言葉の意味が，分岐してある限定され

た意味に「収束」する。

　この「分散」と「収束」という用語は，量子力学でしばしば用いられるが重要な概念として知られる。量子力学というと，原子や分子のようなミクロの世界にのみ適用される分野と思われがちであるが，その応用範囲は非常に広い。

　チョコレートの場合は，どろどろの状態のときは，結晶6種類全ての可能性を秘めた状態である。そこへ，適切なテンパリングを与えることで，美味しい結晶構造であるV型結晶に状態を収束させることができる。テンパリングがないと，美味しくない状態に収束してしまう。

　余談であるが，いわゆる天然ボケと言われる人たちは，この意味の収束が，普通の人とは違うところへ向かう。普通の人が，「歌手：リンゴ」と思うタイミングで，「果物：リンゴ」あるいは「ドラマー：リンゴ」と勘違いし，そのタイミングで，ツッコミが入ると笑いが起きる。ボケ役の人は偶発的にこれを作り出す。この原理を利用したコントが，今はなき（？）アンジャッシュによって作られ，一斉を風靡した時代があった。アンジャッシュのコントは，量子力学的に解析することが可能である。

7. おわりに：順序によって，答えが変わる

　「ヒステリシス」とは，手順によって，状態が変わる現象である。

　順序によって，答えが変わることが，世界には溢れている。

　チョコレートやガラスに代表される物質は，最終的な終着点としての温度は一緒でも，そこに至る経路に依存して，異なる物性が得られる。つまり，同じ道でも違った風景が見えるが如く，スピリチュアルな現象にも思える。

　しかし，実に単純な小学生でもわかる算数のレベルでこのことは説明できる。例えば，$5 \times 2 \div 5 \times 2$の答えはいくつだろうか？

　左から順に計算すると，$\underline{10} \div 5 \times 2 = \underline{2} \times 2 = 4$。一方，こんな計算をする人もいるかもしれない。$\underline{(5 \times 2)} \div \underline{(5 \times 2)} = \underline{10} \div \underline{10} = 1$ と。

　算数のルールにのっとれば，正しくは前者であるが，自然界に算数のルール

などは存在しない。テンパリングとは，まさしく，この計算間違いを正すための情報の整理に対応していると捉えることもできる。

| 参考文献 |

上野聡（2017）『チョコレートはなぜ美味しいのか』集英社新書。
菅沼悠介（2020）『地磁気逆転とチバニアン』講談社。
佐藤清隆，上野聡（2011）『脂質の機能性と構造・物性：分子からマスカラ・チョコレートまで』丸善出版。
Bergson, H., *Matière et Mémoire : Essai sur la relation du corps à l'esprit*, Félix Alcan, Paris, 1896.（熊野純彦訳（2015）『物質と記憶』岩波文庫。）
Edger Dutra Zanotto『Do cathedral glasses flow?』*American Journal of physics* 66. 392, 1998.

第4章　主観的時間と貨幣

1．はじめに

⑴　人によって異なる感染症の症状

　私たちが体験した新型コロナウイルス感染症でも，人によって症状は異なっている。重症化する人もいれば，そうでない人もいるのである。当初，若い人たちはおそらくこの感染症の脅威を軽く見ていた。しかし，その後，有名芸能人が相次いで死亡したことが報じられて，彼らも真剣に受け止めるようになったのである。

　こうした症状の違いがどこに由来するかは，いろいろに言われている。持病を持っていれば重症化するとか，高齢者は危険であるとかいうことである。だが，特に持病を持たなかったり，若年層であったりしても感染後間もなく死亡する事例も報告されており，明確な理由が明らかにされたとは言い難い。

　今回の感染症で，各国政府は国民へのワクチン接種を推進してきた。実際，メッセンジャーRNAを操作したワクチンがこれほど大規模に実用化されたのは，新型コロナウイルス感染症に対するものが最初ではないだろうか。このワクチンの副反応についても，一部の人々が接種後に訴えているものの，個人によって深刻さや症状は異なっていて，未だ確定的なことは言えない状況である。

　こういったことは，もちろん客観的にその個人の肉体的な条件が引き起こしている事象であるから，ここに主観的という言葉を用いることは間違いである。それでも，個人差が大きいということでは，人それぞれという意味で一様でな

い相対的なものであると言ってもいいのかもしれない。

本章では，客観的な時間と主観的な時間ということを考え，そこから時間と貨幣との関わりについて考察することにする。

⑵　ニュートンの絶対空間と絶対時間

通常人々は，この世界の空間も時間も，万人にとって共通のものだと考えている。私たちは地図を見て旅行の行き先を論じ合うことができるし，時計と合わせて時間を決めて待ち合わせを行っている。だが，学問的な意味でこうした共通の時間と空間とを確定したのは，物理学者アイザック・ニュートンであった。こうした空間と時間を，絶対空間や絶対時間と呼んでいる。

哲学者イマヌエル・カントは，こうしてニュートンによって開かれた近代科学の地平を自らの真理探究の基礎に置いたのである。いかにして人間は科学的認識を得るのか？　それが，彼が自ら掲げた研究課題であった。カントは人間が外界から認識の元になる知覚を得る窓口を感性と名付けている。そして，なんとカントは，感性が予め知覚を得るために用意している枠組みとして，絶対空間と絶対時間を考えるのであった。

カント自身がコペルニクス的転回と呼んでいる通り，これは驚異的な逆転である。なぜなら，絶対空間と絶対時間は科学の対象となる世界に客観的に存在するがゆえに，万人にとって共通であるはずであった。しかし，カントは，絶対空間と絶対時間は我々人間が対象を認識するために心のうちに用意した枠組みであると言う。それでも，それが万人に共通のものであることに変わりはないのである。

私たちの心の外にある対象界には，カントによれば空間も時間も存在しない。ただ，私たちが外界からの刺激を受けて知覚を得たときには，それは必ず空間と時間のなかで起きているように感じられるだけなのである。

カントは外界にある客観的な存在を物自体と呼んだ。それでも，私たちは物自体を直接知ることはできず，必ず空間と時間のなかの知覚としてしか感知できない。ならば，物自体など存在せず，知覚だけが真実の実在であると考える

べきではないのか。また，それだけが科学的認識の基礎に置かれるべきではないのか。そう考えたのは，19世紀末の物理学者で哲学者でもあったエルンスト・マッハであった。

　マッハは私たちが捉える混沌とした知覚を現象と呼び，唯一それだけに基づいた物理学を構築すべきと考える。その現象そのもののなかには，宇宙全体に遍く共通な空間や時間は必ずしも見出すことはできない。こうしてニュートン的な絶対空間と絶対時間から自由な発想が生まれてくる。

　次節以降はそうしたものの代表例として，アルバート・アインシュタインの特殊相対性理論を取り上げて検討する。そして，アインシュタインの議論には反対しながらも，独自の主観的時間の哲学を展開した哲学者アンリ・ベルクソンについて考察する。そして，それらの伝統から生まれた，経済学者モーリス・アレの主観的時間に基づく貨幣理論を解説しよう。

2．相対性理論と時間

⑴　ガリレオの相対性原理

　私たちが電車に乗って窓の外を見ていると，自分たちが移動しているのに窓の外の景色が電車の進行方向とは反対方向に移動していくように見える。私たちは座って本などを読んで静止しているのだから，窓の外の方が高速で過ぎ去っていくような気分なのである。

　これを全ての物ごとの基本となる考え方，つまり，原理として定式化したのは，宗教裁判の後に「それでも地球は動いている」と言ったという伝説の残るガリレオ・ガリレイであったと伝えられている。**図表4-1**のように，静止して外から電車を見ている人と，電車に乗っている人がいるとして，電車の外にいる人の位置や時刻はダッシュを付けずに，電車に乗っている人の位置や時刻にはダッシュを付けて表すことにしよう。

　言うまでもなく二人の時刻は等しい。つまり，式⑴が成り立つ。

図表 4 - 1 静止している人と移動している人

x', t' x, t

$$t' = t \qquad\qquad (1)$$

　二人の位置はどうなるであろうか。私たちは自分たちがいる場所を基準にして常にモノを見ている。これは難しく言い換えれば，自分を原点にする座標系で空間を把握しているということである。**図表 4 - 1** のように，最初電車を見ている人がいる駅から電車が出発したとすれば，時刻 t で電車がいる位置は，駅に固定された座標軸から見ると速度×時間 t になる。

　しかし，電車に乗っている人の座標系は駅から電車とともに移動しているので，電車に乗っている人から見れば，時刻 t であっても自分の座標系では原点の 0 地点にいることになる。つまり，駅に固定された座標系で測定された位置を，電車に乗っている人の座標系に変換するには，駅の座標系の値から電車の速度×時間 t を引く必要があるのである。こうして式(2)が成り立つ。

$$x' = x - vt \qquad\qquad (2)$$

　最初に私たちの経験を述べたように，電車に乗っている人から駅に立っている人を見ると，電車に乗っている人は駅に留まっている人が電車のスピードで遠ざかっているように見える。だから，式(2)は，電車に乗っている人の座標系で測った位置を駅に留まっている人の座標系に変換する場合にも成り立つ。お互いに立場を変えれば，同じことが成り立つので相対的な関係になる。このた

図表4-2 静止している人も相対的に移動している

V

x', t'　　　　　　　　　　　　　　　　x, t

め，今確認した事実をガリレオの相対性原理と呼んでいる。

　このことから，電車に乗っている人が静止していると考えれば，駅に留まっている人の方が電車の進行方向とは逆方向に電車のスピードで進んでいることになるだろう。つまり，**図表4-2**のようなことだ。

　この結果，駅に留まっている人の位置を電車に乗っている人の座標系で見れば，マイナスの値になっているはずである。これを駅にいる人の座標系の値に直すためには，電車の速度×時間 t を足して，ゼロにする必要がある。こうして，式(2)と対称的なかたちの式(3)の変換式が成り立つのである。

$$x = x' + vt \tag{3}$$

(2)　速度の加算

　いま，走っている電車のなかで，両サイドの扉の所に立っている人同士でキャッチボールをしたとしよう。ボールのスピードが b だとして片道にかかる時間を t とすれば，電車のなかの人から見てボールは bt だけ行って bt だけ戻って来るように見える。もちろんかかる時間は $2t$ である。

　電車のなかのキャッチボールを，駅に留まっている人から見たボールの動きに着目して見たのが**図表4-3**である。このように電車のなかから見た場合よりも，駅から見た場合の方が長い距離をボールは移動することになる。図から

図表4-3 電車のなかでキャッチボールをした場合

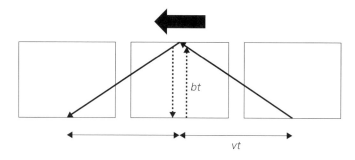

その距離を計算すると，式(4)として導ける。

$$\sqrt{(bt)^2 + (vt)^2} = t\sqrt{b^2 + v^2} \tag{4}$$

　式(4)で時間 t に掛かっている平方根の部分は，電車内で電車の進行方向に垂直に投げられたボールが，電車の速度の影響を受けて駅から見て電車が飛ぶ方向に速まったスピードにちょうど等しい。つまり，電車のなかで見た場合と全く同じく，駅から見た場合でもボールは時間 t を掛けて反対側の扉に到達し，時間 t を掛けて元の扉に戻ってくるのである。

(3)　ボールではなく光が往復すると…

　ボールではなく光を電車の扉から扉まで移動させたらどうなるであろうか。今度は反対の扉に鏡を置いて，それにこちらの扉から発射した光を反射させるのである。

　光であろうとボールよりもそのスピードが遥かに速いだけで，先ほどと同じ結果になるのではないだろうか。皆こう思っているはずであるし，実際ある事実が発見されるまでそう思われていた。その事実というのは，光のスピードは一定不変で絶対に変わらないということである。

　アルバート・マイケルソンとエドワード・モーリーは1887年，ある有名な実験を行った。その実験の目的は光の速度が変化するかどうかを調べるというも

のであった。太陽から来る光は地球の自転の影響で12時間ごとにスピードを変化させるはずである。なぜなら，今いる地球上の位置が太陽に向かうとき，光は加速されて観測されるはずであるし，太陽から遠ざかるとき，光は減速されて観測されるはずだからである。公転の影響もあるはずだから，半年おきにも光の速度に何らかの変化が現れるだろう。二人はそう考えていた。

　しかし，実験の結果，観測の精度を考えたとき，光のスピードに意味のある変化は見られなかったのである。それは常に秒速30万キロメートルだった。

　これを原理に高めたのが，かの有名なアルバート・アインシュタインである。ガリレイの相対性原理がどのような座標系でも同じ物理法則が成り立つことを示していたように，アインシュタインの相対性原理もまた，光のスピードが一定であることを前提にどのような座標系でも同じ物理法則が成り立つことを要求している。

　光のスピードを c で表した**図表 4 - 4** からわかるのは，だから，式(5)が成り立たなければならないということである。これは皆勉強したはずの，直角三角形の各辺の間に成り立つ三平方の定理に他ならない。

　電車に乗っている人から見れば，光は片道を時間 t' で電車の横幅だけ真っ直ぐに行って戻って来るだけのことである。しかし，駅に留まっている人から見ると，電車は速度×時間 t だけ進行方向に進むので，電車の横方向に発射された光が電車の進む向きに角度を変えて飛んでいくように見える。そして，鏡

| **図表 4 - 4** | 電車のなかで光を反射させた場合 |

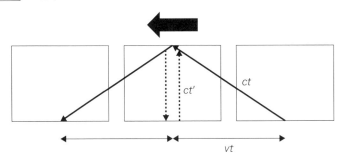

に反射した光は更に角度を電車の進行方向に変えて元の側に戻って来る。

　この式(5)から，アインシュタインの相対性原理が示す，異なった座標系の時刻の間に成り立つ驚くべき関係が導ける。そのことは項を改めて説明することにしよう。

$$(ct')^2 + (vt)^2 = (ct)^2 \tag{5}$$

⑷　アインシュタインの相対性原理

　式(5)を t' について解いてみよう。結果は式(6)となる。

$$t' = t\sqrt{1 - \frac{v^2}{c^2}} \tag{6}$$

　ガリレオの相対性原理では式(1)が成り立っていた。それは誰しも認める当たり前のことで，駅に留まっている人も電車に乗っている人も常に同じ時刻を体験しているということである。これに疑いを持つ人はいない。

　しかし，式(6)が示すのは，電車に乗って移動している人の時刻は駅に留まっている人の時刻よりも必ず遅れているということである。もちろん，電車の速度は時速70キロメートル程度，光速は時速30万キロメートルであるから，平方根のなかの分数は極々小さな値である。それにしても，時刻はもはやどこでも同じ，というわけにはいかないのである。こうして，ニュートンの絶対時間は否定されたことになる。

　今度は，電車に乗っている人が，自分が静止していると考えて駅に留まっている人を見ると，駅に留まっている人は自分から見て電車の進行方向とは逆方向に向かって電車の速度で遠ざかっていくように見える。そして，時刻 t' には速度×時間 t' だけ離れるのである。

　一方，電車の進行方向と逆方向に離れていく駅に留まっている人から見て，光が電車の反対側の扉に垂直に向かっているように見えるように光を発射するには，**図表 4 - 5** のように斜め後方に放つ必要がある。したがって，**図表 4 - 5** に示したように，三平方の定理から式(7)が成り立たねばならない。

図表4-5 駅にいる人が相対的に遠ざかっていると考える場合

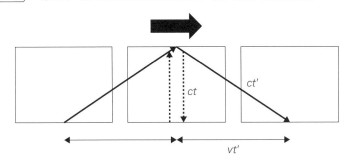

$$(ct)^2 + (vt')^2 = (ct')^2 \tag{7}$$

式(7)を t について解くと式(8)が求められる。

$$t = t'\sqrt{1 - \frac{v^2}{c^2}} \tag{8}$$

　式(6)から式(8)を導くことはできないし，式(8)から式(6)を導くこともできない。これは式(6)が駅に留まっている人が原点にいると考え，その位置をゼロとして導出しているのに対し，式(8)は電車に乗っている人が原点にいると考え，その位置をゼロとして導出されていて，視点が異なっているからである。

⑸　位置に関する変換式を求める

　電車に乗っている人の座標系と駅に留まっている人の座標系から見た位置の座標の変換式は，いったいどのようになるのであろうか。これを導くために，これまでとは違うことを考える。

　今度は図表4-6のように，電車が出発する瞬間に電車の先頭から最後尾に向けて光を発射する。電車に乗っている人は，その最後尾にいるとする。実際がそうであるように，まず，駅に留まっている人が静止していると考える。

　駅にいる人から見て時刻 t には，電車が速度×時間 t だけ進行方向に移動する。だから，電車最後尾に乗っている人は時刻 t' に光を感受するが，彼は電

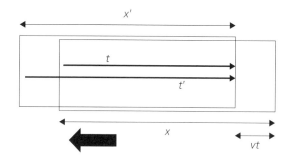

| 図表 4 - 6 | 電車の先頭から最後尾に光を発射する場合 |

車に乗っているので電車の長さ x' だけ光が進んできたと感じられる。しかし，そのときに実際に光が進んでいる距離は，駅にいる人から見て $x-vt$ である。電車に乗っている人から見ても駅に留まっている人から見ても光のスピードは同じだから，式(9)が成り立つことになる。

$$\frac{x'}{t'} = \frac{x-vt}{t} \tag{9}$$

式(9)に，電車に乗っている人が原点にいると考えたときに成り立つ式(8)を代入すると式(10)が成立する。

$$x' = \frac{x-vt}{\sqrt{1 - \dfrac{v^2}{c^2}}} \tag{10}$$

式(9)は右辺の分子だけ見るとガリレオの相対性原理と一緒である。しかし，分母が異なっている。電車などのように光のスピードに比べて遥かに遅く動いている場合，ほとんどガリレオの相対性原理に一致する。ただ，若干ではあるが，駅に留まっている人の座標系に比べて電車に乗っている人の座標系で測る方が数値的に大きくなっていることがわかる。それは，分母の平方根の中身が1より小さいからだ。

これは電車の長さで考えたとき，静止している人から見た場合の方が長さの物差しの目盛りが小さいために起こる現象である。つまり，静止している人か

ら見ると走っている電車の長さが極々僅かに縮んでいる。これをローレンツ＝
フィッツジェラルド収縮と呼ぶ。

　さて，今度は電車に乗っている人が静止していると考え，駅に留まっている
人が電車の進行方向と反対方向に電車のスピードで遠ざかっているとしてみよ
う。この場合，電車最後尾に乗っている人のところに，駅に停止時に電車の先
頭があった地点が近づいて来るのと同じことなので，電車最後尾にいる人には
その分短くなった距離を光が時間 t' で進んで来ることになる。逆に，駅に留
まっている人には，停車時に電車先頭部から発された光が $x+vt$ の距離を進ん
で時刻 t に到達する。どちらの場合も光のスピードは同じなので，式(11)が成立
する。

$$\frac{x}{t} = \frac{x' + vt'}{t'} \tag{11}$$

　この式(11)に，駅に留まっている人が原点にいると考えたときに成り立つ式(6)
を代入することで式(12)が導かれるのである。

$$x = \frac{x' + vt'}{\sqrt{1 - \dfrac{v^2}{c^2}}} \tag{12}$$

図表4-7〉　電車に乗っている人が静止していると考える場合

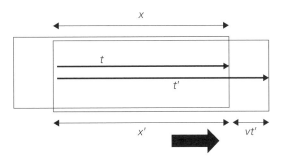

3. ベルクソンと時間の本質

(1) 時間とは何か

　フランスの哲学者アンリ・ベルクソンは時間について独自の考察を行った。ベルクソンは時間を，何よりもまず意識に直接与えられる心理的な事象として捉えた。ベルクソンは，私たちに時間の感じ方を先入観なしに考えることを求める。

　その諸感覚は，動的に相互に加わりあって，あたかも私たちをうっとりさせるようなメロディーの継起的な音楽がそうするように，互いに有機的に一体化するであろう。要するに，純粋持続とはまさに，互いに溶け合い，浸透し合い，明確な輪郭もなく，相互に外在化していく何の傾向性もなく，数とは何の類縁性もないような質的諸変化の継起以外のものではありえないだろう。それはつまり，純粋な異質性であろう。しかし，さしあたっては，この点を強調するのはやめよう。ここでは，持続にわずかでも同質性を帰属させるや否や，空間をひそかに導き入れることになるのだということを示しただけで十分であろう。（ベルクソン（1889），翻訳，p.126）

　本来の時間をベルクソンは純粋持続と呼ぶ。その時間は空間性と鋭く対立するものである。空間は同質性をその本質としているため，距離の測定が可能である。何メートルとか何センチとか，単位を以て測ることができるためには，空間のどの場所でも同質的なものでなければならないのだ。空間はこのように数で表現できるものである。だから，私たちは前項で見たように位置をある座標で測った目盛りで表現することができる。長さや距離の単位を決めることができるわけである。

　時間も時計を使って測り，数で表現できるように思うかもしれない。実際私

たちは，前項でそのように時間を時刻 t で目盛って表していたではないか。

　しかし，ベルクソンによれば，それは空間化された時間であって本来の時間
ではない。本来の時間は計ることができないとベルクソンは言う。全てが相互
に異質なものの流れであるためである。異質なものを一つの単位ではかること
は決してできないのである。

　なるほど，そうなのかもしれない。目の見える人は空間であれば，遠近法で
距離を目測することができるだろう。しかし，時間に関しては，私たちは時計
を見ることによってしか確認することができない。時計の見られない状況で，
私たちが「ああ，もうこんな時間だ」とか，「全然時間が経っていない」と感
じるのは，日常茶飯事である。

　このように，確かにベルクソンが言うとおり，空間と時間とは私たちにとっ
て全く異なるものなのかもしれない。目の見える人の空間の感覚がそのように
させるのかもしれない。目の見えない人にとって，もしかすれば，空間はいた
るところで質的に異なっているのではないか，とも思える。

⑵　時間の空間化

　人々が生を営むのは，そうした純粋持続としての時間のなかにおいてである。
純粋持続としての時間は，数値化して比較することなどできないのだから，個
人間で示し合うことはできないだろう。それでは，個人間のコミュニケーショ
ンにとってたいへんな差し障りが生じる。だから，どうしても時間の空間化，
つまり，時間を客観的に数値化し，それに自分の純粋持続を擦り合わせること
で他人とコミュニケーションを取ることが必要である。現実に，時間を空間化
して計ることによって人々はコミュニケーションを図り，社会生活を営んでい
るわけだ。ベルクソンはこれを，意識の相互浸透という言葉で呼んでいる。

ここで問題になっているのは，持続ではなく，ただ空間と同時性だけである。
或る現象が時間 t の終わりに起こるだろうと予告することは，とりもなおさず，
意識が，ここからそこまでのあいだ，或る一定の同時性に t という数だけ印を

つけるということである。さて「ここからそこまで」という言葉に惑わされてはならないだろう。というのは，持続の間隔は私たちにとってのみ，また私たちの意識状態の相互浸透によってのみ，存在するからだ。私たちの外部には空間しか，したがって同時性しか見いだされないであろうが，この同時性については，どんな継起も現在と過去の比較によって考えられるものである以上，客観的に継起的であるということさえできないであろう。(同上，p.140)

　ここでベルクソンは，時間意識についてある種の集合性を主張しているように見える。時間を空間化，すなわち，数値化して個人間でコミュニケーションを取れるのは，元々，時間意識が他人と共有可能なものだからということだ。そもそも，時間意識が集合的でなければ，それを客観化して計って，コミュニケーションを取ることもできないであろう。

　しかし，時間を計ること自体，純粋持続を対象化して空間化することに他ならない。何時にどこかで会おうと約束するように，時点を印付けることは，時間の数直線の上に過去と現在と未来を並べることに他ならない。それは時間の空間化以外の何ものでもないのである。

⑶　時間と空間

　純粋持続としての時間は生きられる時間である。だから，それは常に現在の連鎖としてある。だが，過ぎ去った時間は過去のなかに時系列的に位置づけられることになる。時間の座標にその位置が決められる。これは本質的な意味での時間の空間化である。

　要するに，自由に関しては，その解明を要求するすべての問題は，それと気づかれることのないまま，「時間は空間によって十全に表されうるか」という問いに帰着する。——これに対して，私たちはこう答えよう。流れた時間が問題なのであれば，然り，である。流れつつある時間が問題になっているのであれば，否，である。ところで，自由行為は流れた時間のなかではなく，流れる時間の

なかでおこなわれるものである。したがって，自由とは一つの事実であり，確
認される諸事実のなかでも，これほど明瞭なものはない。この問題のもつすべ
ての困難さは，また問題そのものも，持続に，拡がりの場合と同じ属性を見い
だそうとしたり，継起を同時性によって解釈したり，自由の観念を明らかにそ
れを解釈できない言語で表現しようとすることから生まれてくるのである。
（同上，pp.263-264）

　生きられている時間は現在のみである。現在においてのみ，私たちは「こう
しよう」と思って行動に移すことができる。過ぎ去った過去に自分が行った行
動は，もはや変えることはできない。未来に行う行動は今どうしても実行でき
ない。
　その行為が自由意思で行われたのか，ある客観的な必然性によって行われた
のかを問うことは，古くからある哲学的問題である。お腹が空いたからご飯を
食べようというのは，単純に自由意思のように思うかもしれない。しかし，そ
の前に友だちとサッカーをしていれば，それが原因で急にお腹が減ったのであ
ろう。そして，空っぽになった胃から脳に信号が送られ，食堂に行くという行
動を取らせたのである。こう考えると，ご飯を食べることすらそうすべき原因
があるのであり，真の自由意思ではないということになるではないか。

⑷　自由意思の意味

　自由意思の問題に対するベルクソンの解答は極めて単純明快なもののように
思われる。すなわち，過ぎ去った過去の行為については，いかようにもその客
観的必然性を言うことはできるというものである。人はそうした説明に当たっ
て他の可能性を忘却したり，いくつかある説明のうち，蓋然性が最も高い一つ
を無意識のうちに選び取ったりしている。既に行われた行為であれば，先ほど
のご飯を食べる例のように，その原因をいくらでも挙げることができるのだ。
　これが今行われつつある行為であれば，話は全く異なってくる。行為の帰結
を可能な限り予見しようとしても，その予見は完全ではない。不完全な確信の

なかで行われる行為こそが自由な行為なのである。つまり，人間の行為である以上，帰結についての不完全な予測の下で行われることになる。お腹が空いたと思って，ラーメンを食べたが，そのラーメンが予想外に美味しくなかったという場合のように。

持続のうちで何が私たちの外部に存在するか。現在だけである。あるいは，こういう言い方の方がよければ，同時性だけである。たしかに外的事物は変化するが，それらの諸瞬間が継起するのは，それらの事物を記憶する意識にとってでしかない。私たちは私たちの外部に一定の瞬間に同時的な諸位置の総体を観察するが，それに先立つ多くの同時性のうち，残っているのは何もない。持続を空間のうちに置くことは，とりもなおさず同時性の内部そのもののうちに継起を位置させることであるが，これは紛れもない矛盾である。したがって，外的諸事物が持続すると言うべきではなく，こう言うべきだ。すなわち，これらの事物のなかには，何か言い表しがたい理由があって，そしてそのせいで，私たちが私たちの持続の継起的諸瞬間にそれらの事物を考察するときにはいつでもそれらが変化したと考えざるをえないのだ，と。(同上，pp.270-271)

　ベルクソンは今一度，純粋持続には現在しか存在しないということを強調している。つまり，時間的変化というのは私たちの内部にある純粋持続のなかでのみ起きているのである。逆に言えば，空間的な意味で私たちの外部にある事物は一切変化していない。と言うより，そうした変化は私たちの生には関係がない。

　私たちが生きていくなかで自分の外に感知する事物が，変化しているものとして感じられるということである。昨夜は雨だったが，今朝は晴れているなぁ，という場合でも，地球が自転している事実に変化はないし，水蒸気が雲を作り，それが天候を左右している事実にも変化はない。ただ。晴れているから出掛けようとか，私たちの行動や気分が変化するのみなのだ。

⑸　ベルクソンにとっての時間

　ここでベルクソンは，何か突拍子もない形而上学，あるいは，古い観念論を語っているのであろうか。時間的変化は私たちの意識のなかでのみ起きているのであって，客観的な外的事物は永遠不変のままとどまり続けると言うのだから。少なくともベルクソンは，純粋持続を本質とする生命的変化の世界と，変化の生じない物質的な空間世界の二元論でモノを見ていることは明白である。また，これまでベルクソンの哲学はそのような紋切り型の理解で見られてきた。

　ベルクソンの形而上学には，そうは言っても私たちの実感に呼応するものがあることもまた否定できない。私たちが生活を送るなかで，私たちの心理や身近な環境が時間と共に大きく変化する一方で，社会の大きな変化がなかなか起こらないと感じることは多い。また，生命の活動や生物世界が死や誕生などの時間的変化に彩られている一方で，物質的自然が私たちの時間スケールではあまり変化しないことも事実なのである。

　だから，私は，ベルクソンの純粋持続の哲学を次のように解釈できるような気がする。客観的時間も客観的空間と同じように確かに存在するだろう。だが，私たちが生きていくとき，そうした客観的時間よりも，自分が生きていく時間，つまり，主観的時間の方が遥かに重要であると。

　同じことは生きられた空間ということについても言えるかもしれない。しかし，ここではあくまで時間に限定して説明しておくことにしよう。

　私たちに大事な時間は時計で測られる時間ではなく，友だちや家族と一緒に過ごす，主観的な時間である。そうした主観的な時間感覚と客観的に測定された時間が一致しないことは，私たちが日常よく体験する事実である。そう考えると，人間の生活の多くの部分を占める経済活動もまた，客観的時間よりは主観的時間のなかで行われていることになるのである。

4. 心理的時間と物理的時間

(1) 経済学者アレの時間

　フランスの経済学者モーリス・アレは，私たちが経済活動のなかで生きる時間を心理的時間と名付けた。これに対して，時計で測れる，万人に共通の時間は物理的時間と呼んでいる。このことをアレが主題にして論じた論文がアレ（1972）であった。

　第１節で見たアインシュタインの相対性原理でも，静止している人の座標系から見た時刻 t と一定の速度で運動している人の座標系から見た時刻 t' が異なっていたことが論じられていた。電車に乗っている人の時間は駅に留まっている人から見れば，ゆっくりと流れている。逆に，駅に留まっている人の時間は電車に乗っている人から見れば，やはりゆっくりと流れている。

　図表 4 - 8 の左図は，駅に留まっている人から見た場合，駅に留まっている人の時刻に対応する電車に乗っている人の時刻がどうなるかを示している。常に45度線より下にあることから，電車に乗っている人の時間がいつも駅に留

図表 4 - 8 ＞ 座標系によって異なる時間の流れ

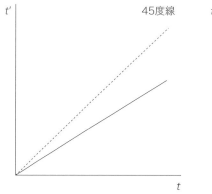
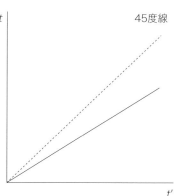

まっている人の時間よりゆっくり流れていることがわかる。

　逆に，**図表4-8**の右図は，電車に乗っている人から見た場合に，電車に乗っている人の時刻に対応する駅に留まっている人の時刻がどうなるかを示している。この場合も，常にグラフは45度線よりも下に来る。このことが示すのは，駅に留まっている人の時間がいつも電車に乗っている人の時間よりもゆっくり進むということである。

⑵　二つの時間の流れ方

　アレの言う心理的時間を，彼が言う物理的時間と比較した場合，それはアインシュタインの相対性原理のようにゆっくりと流れるときもあるだろうし，逆に速く流れるときもあるということになるはずだ。そうしたことは，私たちが日々経験しているであろう。

　たとえば，親しい友人とパーティーをした場合，時間があっという間に過ぎ，気が付いたら何時間も経っていたということがある。この場合，心理的時間の流れの方が物理的時間の流れよりゆっくりしていたということになるのではないだろうか。ベルクソンの言葉を借りるならば，それは質的に充実した時間であったため，密度がとても高く，結果として多くの時間が圧縮して流れていたわけである。だから，時計の時間の進行よりも遥かに多くの身の詰まった時を過ごすことができたわけだ。

　これに対して，つまらない講義を受講していて早く終わらないかな，と終始考えているときは，もう終わるだろうと思って時計を見るとまだまだある，ということがある。このとき，私たちは早く終わらないかなと思うあまり，心理的時間の流れが物理的時間より速くなってしまい，結果として，時計を見たときに全然時間が経っていないと感じるわけである。

　気の合う友だちとパーティーをしているときの心理的時間が，密度が濃く，その分，物理的時間よりもゆっくりと流れていたのと対照的に，つまらない講義を受けている心理的時間は密度が低くてスカスカである。このため，物理的時間より速く流れ去ってしまうのだ。

⑶　心理的時間と物理的時間の関係のイメージ

　このように，私たちの経験に照らしても，心理的時間が物理的時間に比べて
ゆっくり流れる場合もあれば，心理的時間が物理的時間よりも早く流れる場合
もある。そのときどきで異なるのである。

　このことを，横軸に物理的時間 t を，縦軸に心理的時間 t' を測ってグラフに
描いてイメージしてみよう。グラフは**図表 4 - 9** のように描かれる。

　グラフが45度線を上に超えているところでは，心理的時間での時刻の方が物
理的時間での時刻を上回って先に進んでいる。逆に，グラフが45度線を下に超
えているところでは，心理的時間での時刻が物理的時間での時刻よりも遅れて
いる。

　しかし，時間の流れの速さは，そのような45度線を境にした位置では表現で
きない。時間の流れが速いというのは，たとえば，物理的時間が 1 秒進む間に
心理的時間が 2 秒も 3 秒も進むということである。また，時間の流れが遅いと
いうのは，物理的時間が 5 秒進んでいるのに心理的時間がたとえば 2 秒しか進
んでいないことである。

　つまり，これはグラフの傾きの問題であり，傾きが45度を超えているときは

図表 4 - 9 　心理的時間と物理的時間の関係

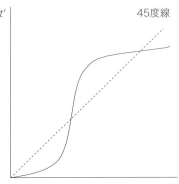

心理的時間の流れの速さが物理的時間の流れの速さを超えているということであり，傾きが45度を下回っているというときは心理的時間の流れの速さが物理的時間の流れの速さを下回っていることになる。

⑷　時間と忘却

今，物理的時間の一瞬を dt で表してみよう。それに対応する心理的時間のやはり僅かな変化を dt' で表す。そうすると，グラフ上のある１点における傾き，つまり，その１点での接線の傾きは dt'/dt と表わすことができる。

$$\frac{dt'}{dt}=\frac{\chi}{\chi'} \tag{13}$$

式⒀は，ギリシャ文字のカイで表される何らかの数値を考え，心理的時間に対応する χ' と物理的時間に対応する χ とが dt'/dt のちょうど逆の比になるようにする。

つまり，物理的時間に比べて心理的時間が速く流れるときは，χ に比べて χ' が時間のスピードと同じ比率で小さくなり，物理的時間に比べて心理的時間がゆっくり流れるときは，χ に比べて χ' が時間のスピードのそれと同じ比率で大きくなる。

では，時間の流れのスピードと反比例するこうした数値は何であると，アレは考えたのだろうか。

ベルクソンによれば，私たちにとって生きられる時間は現在のみであり，生きられた時間は次々と過去へと送られていく。そうした過去の経験や行動は，今からでは変えられない事柄として私たちの記憶に刻まれている。

しかし，記憶はそれが古くなればなるほど，忘却の彼方へと失われていくのである。アレは数値カイを，私たちが一瞬一瞬少しずつ過去を忘れていく忘却の割合，忘却率であると考えた。

気の置けない仲間とパーティーをしている場合，物理的時間に比べて心理的時間は充実していてゆっくり流れるのであった。この場合，心理的時間で見た忘却率は物理的時間で見た忘却率よりも小さくなる。つまり，楽しい時間の記

84

憶はなかなか忘却されないのである。だが，これはあくまでも心理的時間で見た一瞬一瞬の忘却である。これを時計の時間で測った一瞬の忘却率に直せば，忘却の量は変わらない。

　逆に，つまらない授業を聞いているときの心理的時間は物理的時間よりも速く流れる。この場合，心理的時間で見た忘却率は物理的時間で見た忘却率よりも大きくなる。つまり，少なくとも心理的時間で考える限り，つまらない時間の記憶は早く忘却されるのである。だが，これも物理的時間で見た場合，忘却の量が異なるわけではない。

　式⒀を書き換えると式⒁になる。左辺も右辺も忘却率に一瞬の時間の長さを掛けたものになっている。それらが物理的時間と心理的時間についてイコールで結ばれている。そのことが意味するのは，一瞬の時間当たり忘却される記憶の量は，心理的時間でも物理的時間でも変わりはないということである。

$$\chi dt = \chi' dt' \tag{14}$$

　こうしてアレは，忘却率を介して心理的時間を物理的時間に橋渡しすることを可能にした。個人個人の心理的時間における経験は，万人に共通の物理的時間に翻訳して表現することができる。

　と言うより，こうした通用性があるからこそ，私たちはその都度主観的時間を客観的時間に翻訳して，他人とコミュニケーションを取ることができているのではないだろうか。

⑸　心理的時間と金利

　アレは初めて忘却率ということを言った経済学者だが，それは過去に関わる記憶に関してそうした率を考えた経済学者がいなかったということである。しかし，未来に関して，経済学者はこれまでたくさんのことを言ってきた。

　第２章でも見たように，同じ金額であっても現時点における価値は異なるということを経済学は考える。なぜそのようなことが言えるかというと，現在の100万円は目の前にあるが１年後の100万円は目の前にはない。目の前にある

100万円は来年までに利息を付けて103万円に膨らませることができる。だから，現在の100万円に相当する来年の金額は103万円である。

　だから，一般的に，来年のお金を現在の価値に直すためには，1プラス金利で割ることになる。今の例で言えば，103万円÷（1＋0.03）で100万円。

　この操作を経済学では割引と言っている。その意味で金利の本質は将来に対する割引率である。そうした割引率は，結局人々が将来を現在に比べてどれだけ低く見積もるかということであり，その意味で基本的に人によって異なる主観的なものでしかありえない。

　実際，アレも，こうした割引率をヒントにして忘却率を思い付いたのだ。アレは，生きられる現在を中心に，将来に向かっては時が先になるとともに現在への影響力が小さくなり，過去に向かっても時が前になるとともに現在への影響力が小さくなっていくと考えた。そのために，割引率と対称的な忘却率を考えたのである。

　忘却率と同様に割引率も心理的時間と物理的時間での一瞬の間の比率に逆比例するように，それらの時間に対応する割引率の比率が定まると考える。式⒂でギリシャ文字のローは割引率を表している。

$$\frac{dt'}{dt} = \frac{\rho}{\rho'} \tag{15}$$

　こうすると式⒃が成り立って，それぞれの時間で瞬間的に割り引かれる将来の価値が等しくなるのである。

$$\rho dt = \rho' dt' \tag{16}$$

　こうした割引率が何に由来するのか，実はよくわかっていない。ベルクソンによると，私たちにとって生きられる時間は現在のみであり，未来の時間は私たちに未だ到来していない。だから，私たちは現在に近い将来は比較的ありありと思い浮かべることはできるが，遠い将来はほとんど想像がつかない。おそらく，私たちの現在での行動の影響力の大きさが未来に向かって小さくなっていくことと関係があるのだろう。

　気の置けない仲間とパーティーを予定している場合，その未来へ向けた物理的時間に比べて心理的時間は充実していてゆっくり流れるのであろう。この場合，心理的時間で見た割引率は物理的時間で見た割引率よりも小さくなる。つまり，楽しい時間への期待はあまり割引かれないのである。だが，これはあくまでも心理的時間で見た一瞬一瞬の期待の大きさである。これを時計の時間で測った一瞬の割引率に直せば，期待される価値の量は変わらない。

　逆に，つまらない授業を聞かねばならないときの心理的時間は物理的時間よりも速く流れる。この場合，心理的時間で見た割引率は物理的時間で見た割引率よりも大きくなる。つまり，少なくとも心理的時間で考える限り，つまらない未来への期待は大きく割り引かれるのである。だが，これも物理的時間で見た場合，割引かれる価値の量が異なるわけではない。

　割引率を本質とする金利も，主観的には個人ごとに異なるはずである。しかし，それは物理的時間に対応する金利と逆比例しているはずだ。こうしてアレは，割引率，すなわち，金利に関しても心理的なそれを物理的時間に対応するものに橋渡しすることを可能にした。個人個人の心理的時間における期待は，万人に共通の物理的時間に翻訳して表現することができる。

　この場合も，こうした通用性があるからこそ，私たちはその都度主観的時間を客観的時間に翻訳して，他人と経済的な関係を結ぶことができているわけである。

5．おわりに

⑴　ウイルスの時間と人間の時間

　哲学者ベルクソンは，時間は生きられるものであり，時計で測られる時間は空間化されたまやかしのものであると考えていた。つまり，生命の存在しない世界に本来的な意味での時間は存在しない。時間は，生命の営みに特有の絶えざる変化と純粋な一回性をその固有の性質としているのだ。

　これを考えると，生物の種の間ですら時間の流れ方は違うと言えるかもしれない。新型コロナウイルスは短い時間で変異を繰り返す。これまで効いていたワクチンが直ぐに効かなくなってしまうということも，このために起こる。人間はこうした素早い変異に翻弄されているのである。

　こうした戸惑いが人間の側に生じるのは，ウイルスが生きている時間と人間が生きている時間とで，その流れるスピードが全く違うからではないだろうか。ウイルスの時間は人間の何百倍も速く流れているのだ。ウイルスから見たら，人間は全く動かない山塊のように感じられるかもしれない。

　ウイルスが生命であるかどうかは，本書の後の章で論じることにしよう。しかし，昆虫は昆虫の時間を生きているし，猫は猫の時間を生きているということは確かである。

⑵　座標系ごとに異なる時間

　時間がどこでも一様に流れているということは長らく当たり前のことであった。ニュートンの絶対時間であり，それは宇宙全体で共通であった。

　しかし，アインシュタインによって時間の流れ方は宇宙の遠くの方ではなく，ごく身近な場所でも異なっていることが明らかにされた。駅に留まっている人が観察する時間の流れよりも，駅に留まっている人から電車に乗って移動している人の時間を観察した場合の方が時間の流れが遅いということである。

　これは，経済的な議論で言う主観的時間と客観的時間とは全く異なる話である。それ自体，私たちの外に客観的に存在する物理的世界での話だからだ。

　しかし，個人の座標系で見た時間の流れるスピードが異なりうるという発見は，主観的時間と客観的時間を経済学で扱うことにきっかけを与えたと言うべきではないだろうか。

⑶　主観的時間と経済

　経済学では人々が効用の最大化を図る行動をしていると考える。効用というのは，私たちが消費する様々な品物や役立ちが私たちにもたらす便益のことで

88

ある。だが，その便益は私たち一人一人の主観的なものとしてしか感じること
ができない。だから，効用という言葉は，しばしば，消費によって私たちが得
る主観的満足感という意味で使われることがある。

　それでも，私たちの経済活動は決して私たち一人一人のなかだけで完結して
いるわけではない。生産活動も大勢が協力して行われるし，物資や製品の輸送
や交換はそれ自体対人的な活動である。経済が変動するという場合も，それは
多くの人間からなる一国の経済が動くことを意味している。

　だから，私たちが経済を学問的に分析する場合，どうしても心理的時間のな
かで生じていることを物理的時間のなかで起きていることへと翻訳をしなけれ
ばならない。そうした翻訳の必要性を本章では議論したのであった。

| 参考文献 |

Allais, M. 'Forgetfulness and Money,' *Journal of Money, Credit and Banking*, Vol. 4,
　　No. 1, pp.40-73, 1972.
Allais, M. 'The Psychological Rate of Interst,' *Journal of Money, Credit and Banking*,
　　Vol. 6, No. 3, pp.285-331, 1974.
Bergson, H., *Essai sur les données immédiates de la conscience*, Félix Alcan, Paris,
　　1889.（中村文郎訳（2001）『時間と自由』岩波文庫。）

第5章 マルチスケール時間構造

　本章では，フランスの哲学者アンリ・ベルクソンの思想に基づくマルチ時間スケールの考え方について紹介する。

1．スケールでものを見る

(1)　認識スケールと内在スケール

　「今何をしているの」と訊かれたときのことを考えてみて欲しい。その「今」に一つの正解があるだろうか。いつもの親友から聞かれたなら，「歯磨きしているところ」でよいかもしれない。しかし尋ねてきたのが久しぶりに再会した小学校のクラスメイトならそうは答えず，「福岡で大学生をやっている」とか「商学部で経営を勉強している」などと返すだろう。あるいはまた，そこが歯磨きの講習会なら，「上の右奥歯内側をブラッシングしています」などと答えることになるはずだ。このように，「今」の幅というものは文脈次第で変動する。最初の答えは分単位，二つ目は年単位，最後は秒単位で「今」が捉えられている。扱われている時間の「スケール」が，大きかったり小さかったりするわけである。

　しかし「様々なものが存在する」ということは，「どれでも正解だ」ということを意味しない。世の中には大小様々なスケールの事象があるが，その中のある特定の事象・文脈を問題にするなら，それを適切に取り出すためのスケールというものは，やはりちゃんと存在する。

　フランスの物理学者アニク・レンに倣って，「認識スケール（epistemic

scale）」と「内在スケール（intrinsic scale）」の区別を導入しよう。「前者は，システムが観察され記述される際のスケールである。後者は，観察者がいるかいないかから独立に，システムに特徴的な時間に関係している」（Lesne（2017），p.56）。認識スケールは，観察者が自由に設定する，言ってみれば事象に外的なスケールである。事象自体の大きさに関わりなく，見る側のレンズの倍率をいつでも好き勝手に変えることができる。ダニを観察するのに，肉眼で見ることも顕微鏡を使うこともできる。この時のスケールが認識スケールである。他方で，内在スケールは，対象となる事象自身が備えているスケールである。ダニと象，つむじ風と台風とではスケールが違う。これが内在スケールだ。

　以上は空間のスケールの話だが，同じことを時間で考えることもできる。ベルクソンの時間論の特徴は，時間を宇宙全体で共通の，一枚岩のものとして捉えるのではなく，各事象に内在的な時間スケールに注目して見ていく点にある。それは，単一の時間ではなく，スケールの異なる様々な時間が共存する「マルチ時間スケール」（MTSと略記）の時間像として解釈できる。

(2)　スケールの階層構造

　世の中に存在するものの内在スケールはピンからキリまである。人間はメートル単位の存在だが，一人の人間はたくさんの臓器からできており，臓器は細胞からできている。細胞は分子からなり，分子は原子からなり，どんどんスケールは小さくなっていく。原子のサイズはおよそ10^{-10}（100億分の1）メートルである。

　宇宙が始まったときには原子よりもさらに小さな素粒子しかなかったと言われている。陽子・中性子・電子が集まって原子ができ，原子が集まって分子になり，やがて太古の地球で最初の単細胞生物が登場し，それが多細胞になり，長い進化の試練を経て人類が登場する。現代科学をもってしてもなお，人間の意識や心にはまだまだ未解明の謎が多く残されているが，自然そのものが長い歳月をかけて徐々に辿ってきたスケールの階段を無視して，一足飛びに答えを

求めることはできないだろう。

　人間は37兆個の細胞からなり，さらには7,000秭個の原子からなると言われる。要素となる物質と，それらが複雑に組み合わさってできた一体の生物のあいだには途方もないスケールのギャップがある。原子一つ一つの挙動を解明できるようになったとしても，それだけでは感情と知性と尊厳を有した人間を理解できない理由の一つはそこにある。

⑶　相互作用とシステム

　ベルクソン的なスケール概念の理解を深めるために，ものではなく働き，〈相互作用〉で事象を捉えるという観点を導入する。

　物質も生物も，周りのものから影響を被り，周りのものに影響を与え返すという広い意味で，〈相互作用〉している。例えばある電磁波が別の電磁波の干渉を受けて変化する場合と，生物がある電磁波を受け取って逃避行動を取る場合を考えてみよう。起きている事象のタイプや複雑さに違いはあるものの，いずれも外から何か変化を受け取り，外に対して何らかの変化を返すという形をとっている点では同型とみなせる。この広い意味での相互作用という観点に立つことで，生物と物質をあらかじめカテゴリー的に線引きしてしまうことなく，共通の枠組みの上で比較することができるようになる。繰り返される相互作用が作る安定したまとまりを〈システム〉と呼ぶ。

　もちろん，大きな生物のシステムも分解すればより小さな物質システムから成り立っている。だが，生物が生物という単位で実現している挙動を見るためには，生物自身の内在スケールを手放すわけにはいかない。

⑷　識別可能性ギャップの有無

　だが，単純に相互作用システムの大きさが巨大化するということだけで，意識や心などの事象を説明できるわけでもない。そこでベルクソンは，次の追加の観点を導入する。それが〈識別可能性〉である。

　上述の相互作用の視座から様々な事象を眺めてみたとき，その作用の授受に

おけるある要因が相互作用の結果に違いをもたらしていることに気づく。二つの事象（ａとｂ，ａとｃ）が相互作用しているとしよう。ある場合には，事象ａの微小な変化に対して事象ｂが敏感に追随する。別な場合には，同じ事象ａがある程度変化するまでは事象ｃはそれに反応しない。つまり反応が粗く鈍感である。

　例えば，ある電磁波が別な電磁波と干渉する場合，前者の振動数がわずかでも変わればそれは干渉の結果に影響する。ところが，毎秒400兆回振動する電磁波が401兆回になったところで，われわれ人間の目はその変化を検出しないだろう。

　両者の違いは，受け手であるｂないしｃがａからの作用をどれだけ細かく，どれだけ高い解像度で捉えることができるかの違いである。これは，相互作用システム自体のスケールとは異なる，新たなスケール要因である。

　この要因を〈識別可能性〉と呼ぶことにしよう。作用の授受における細かさ・解像度のスケールである。同じａという事象に対してｂは十分な識別可能性を持つのに対して，ｃは持たない。そのためａが連続的に変化してもｃは離散的にしか反応しない。これをａとｃの相互作用には「識別可能性のギャップ」が介在していると表現する。

⑸　認識スケールを内在スケールに併合する

　ここで注意しておくべきことは，識別可能性においては相対的なギャップがものをいうという点である。識別可能性ギャップがない状態で，ＡとＢの比率を同じにしたままスケールを大きくしても，事情は変わらない。

　相互作用に内在する識別可能性ギャップという新たな道具立てを追加することで，私たち人間が行う観察・認識・経験というものも，自然界で起こる相互作用の一種として理論の中に組み込むことができる。これがベルクソンのマルチ時間スケール戦略の眼目である。実際，私たち人間の感覚器官にも一定の識別可能性の制約がある。極端に小さいものを見分けることもできないし，一定以上短い時間幅で起こる事象を別々のものとして聞き分けることもできない。

つまり人間の認識とは，大きな識別可能性ギャップの介在する相互作用である。

そうすると，最初に区別した認識スケールも，内在スケールの元で統合的に記述し直すことができる。通常，認識というものは，観察対象から観察者を切り離して，いわば世界の外側に位置付けたかたちで理解されがちである。「向こう側」に自然界があって，それを「こちら側」の人間があるがままに受け取る，という具合である。しかし，この新しい観点では，認識は相互作用の一種――一定の識別可能性ギャップを含むそれ――に他ならない。そして例えば裸眼から顕微鏡にシフトして認識スケールを変えることは，介在する識別可能性ギャップを変動させることで，相互作用の結果を変える操作だとみなすことができる。

⑹　中立的記述

裏を返せば，物質もある広い意味で観察者とみなすことができるということである。これが擬人的な意味ではない点に注意してほしい。物質に勝手に心を付与しているわけではない。逆に人間の認識を貶めているわけでもない。当然，人間の認識には，表象や概念など物質にはない知的な要素が含まれている。だが，そのベースをなすシステムの相互作用に注目すれば，物質と人間に中立・共通の視点というものを設置できる（イマージュ論）。その上で，物質と生物は，概して後者が前者よりも低い識別可能性を持つ点で区別できる。

これから見ていくように，ベルクソン哲学は，識別可能性を組み込んだ内在スケールという観点から生物や人間の意識の謎に迫っていくスタンスをとっている。

2.　絶対と相対

⑴　時間の絶対説と関係説

第4章で説明されている通り，古典的な時間の捉え方としてニュートンの

「絶対時間」というものがある。全宇宙に共通普遍の時間の尺度というものがあり，それはどこでも一様に流れているという考えである（Newton（1729），p.77）。

　当時，このニュートンの絶対時間の考えに対立して「関係主義」の時間観を提唱したのが物理学者にして哲学者であるG・W・ライプニッツである。ライプニッツは，時間とは物事と物事が継起（時間的前後）という特定の関係を結ぶことで初めて成り立つものであり，こうした関係抜きにそれ事態で成り立つ時間などというものはないと主張した。

時間は継起の秩序（un ordre des successions）である。（クラーク宛第三書簡）

　ニュートンの考えでは，宇宙に何も起きていない，いわば「空の容器」の状態であっても時間は流れている。他方で，ライプニッツの考えでは，時間は関係そのものであるから，何も生じなければ時間はないし，さらに一つの出来事しかない状態でもやはり時間はない。宇宙に時間が成り立つためには，二つ以上の出来事が成立し，それらの間に継起の関係が成立する必要がある。

　では，ベルクソンの立場はどちらだろうか。本章前節(5)での議論から分かる通り，彼は明確に関係主義の立場をとっている。というのも，識別可能性というもの自体が作用に介在する関係的特徴によって定義されるものだからである。

⑵　ベルクソンにおける絶対と相対

　ただ，混乱を招きやすい点が二つある。一つ目は，ベルクソン自身が，物事を関係的・相対的に捉えるやり方の限界を指摘して，「絶対的な知」を肯定的に論じているという事情である。これをそのまま時間に当てはめると，ベルクソンは関係主義的な時間を批判して，絶対時間を主張していることにされてしまう。しかしこれは間違いである。二つ目として，輪をかけて誤解の種となるのが，彼が晩年の著書『持続と同時性』で論じた「一にして普遍的な物質的「時

間」」（Temps matériel un et universel, DS 44）の存在である。

　結論から言えば，ベルクソンがニュートン的な意味での絶対時間を認めたことはない。であるから，この言葉の上での混乱を整理しておく必要がある。本節では一つ目の点を見ていく。二つ目の点については本章第4節で扱うが，複雑な経緯があり，概説的な本書の性格上ごく簡単に触れることしかできないことを断っておく。

⑶　絶対時間の否定

　まず，前節までに確認した関係主義的なアプローチのポイントをおさらいしておこう。相互作用からなるシステムとして，物理現象や生物の活動を中立的・包括的に捉える。相互作用自身が持つ解像度とでもいうべき識別可能性に着目することで，観察・認識という働きを一元的な描像の中に取り込む。このことで，認識スケールをも含み込む統合的な内在スケールの観点を構築できたのであった。

　ここまでの議論は，したがって，徹底的な関係主義の立場をとっている。作用を通じて互いに関係し合うことで，そしてそこでどれだけの識別可能性の相対的なギャップが開くかによって，（認識を含む）物事のあり方は定まってくる。相互作用のない「空の容器」としての時間も空間も想定されていない。こうしたベルクソンの立論にとって，ニュートン的な絶対時間はこの段階ですでに問題外になっている。

⑷　内在的視点

　だが，ここで話は終わらない。ベルクソンが相対的ではなく「絶対的な知」のことを論じるのは，絶対説を乗り越えた上で，その先の話である。つまり，関係主義的描像を踏まえた上で，別な意味での絶対・相対の区分を導入している。どういうことか。

　彼がこの文脈で「絶対的」な認識という言葉を使う時，それが意味しているのは何か神秘的な洞察のようなものではないし，万物に該当するような普遍的

真理のようなものでもない。そうではなく，作用そのものに内在した視点のことである。

　何か物事を外から観察するときには，対象を他の対象と比較し，両者の関係的比を求めて分析を行う。だが，実はその営み自体も相互作用であるから，そこには観察する側の識別可能性の制約は抜き難く介在し続けている。肉眼の代わりに顕微鏡を用いても同じである。顕微鏡を覗き込む目は肉眼だ。機材を用いて赤外線を可視光に変換してモニターに映し出しても，最後にそれを見るのは結局目なのだ。どうやっても，何かを認識するということから，私たち固有の識別可能性制約を外すことはできない。いや，むしろその制約こそが，その特定の仕方でものを見るということを可能にしてくれているのだ（ただ，「複数」の対象間の関係に注目し，その比較・計測を行う場合には，観察者側の制約を不変のものとして無視できるだけのことである）。

　われわれが何かを認識するということは，つまるところ，特定の仕方で制約されたその相互作用に自らが乗り込んで，それを実演する視点に立つ，ということである。確かに，直前の(3)で示したように，認識という営み自体を，相互作用の関係的観点から境界づけることはできるし，ベルクソンもそうしている。しかし，それだけにとどまるなら，結局は認識という営みを外から認識することに終始していることになる。それは「認識する」ことそのものではない。認識するということは，外から説明すれば「一定の識別可能性制約のもとで相互作用すること」だと言われるような事象の内部に，実際に自分が身を置くことなのである。

⑸　「絶対」の意味の整理

　整理するとこうなる。ニュートンが絶対時間を絶対的と呼んだのは，「特定の観点によらず宇宙全体に一様に当てはまる」という意味においてであった。そうした時間の存在をベルクソンは否定している。むしろ時間は，相互作用という関係の観点から多元的に分析されうる。だが，この分析という視点は，作用そのものに対しては外的にとどまる。私たち自身が世界内部で認識するエー

ジェントとして活動しているということは，そうした一定の関係構造そのもの
を自らに引き受けて，その内側に立つことを意味する。いわゆるクオリアなど
様々な主観的色合いを帯びた体験というものは，そうした「作用そのものに内
在的な視点」が成り立つことを要求している。この「関係への内在」という事
態を指して「絶対的」とベルクソンは呼んでいるわけである。

　こうした知のあり方は，先ほどのニュートン的な意味では，絶対的であるど
ころか，むしろ必然的にローカルなものである。では，どういう理由でベルク
ソンはこれを「絶対的」と形容しているのか。それは，所定の識別可能性制約
こそが経験を経験たらしめている以上，それを「どうやっても外せない」とい
う意味合いにおいてである。

　だから，ベルクソンの意味での相対知と絶対知は，ニュートンとライプニッ
ツのように排他的な仕方で敵対するというよりも，相補的な関係に立つと捉え
るのが良いだろう。宇宙全体を，観察者も込みで関係のネットワークとして捉
えよう。そのようにして浮かび上がる巨大な関係のネットワークをそのまま思
い描くと，それを思い描く「自分」は，うっかり関係ネットワークの外の観点
に立ててしまうことになる。そうならないためには，元の関係ネットワーク自
体の中のどこかに自分が埋め込まれているという洞察が不可欠だ。私たちはい
つでも，世界内に位置するある局所的な作用の内側から世界を見ている。そし
て，そうした内在的視点を取ることは，「どうやっても外せない」（その意味で
「絶対的」な）制約と，それが相互作用にもたらす帰結を自ら引き受けること
を意味する。ここに，意識の起源があると考えるのがベルクソンのアプローチ
である。

3．意識の誕生

　ベルクソンは，上に祖述したようなマルチ時間スケールの道具立てを用いて，
上述の内在的視点，すなわち意識の誕生のメカニズムを論じている。本節では
それを解説する。

⑴　量的識別と質的識別

　まず前節までの議論に登場してきた「識別」はすべて「量的」なものであること，他方で，私たち生物は「質的」な識別をも行っていることから確認しよう。量的な識別というのは，複数の要素をどれだけ細かく見分けられるかという話である。例えば目の前に転がっている100個のリンゴと101個のリンゴを一瞥で見分けることは私たちにはできないが，３個と４個ならできる。これが量的識別である。他方で，赤と青や，辛さと甘さは，（生物の経験のスケールでは）質として識別される。

　ベルクソンは，互いに量的に識別される多数の要素からなるまとまりを「量的多様体」と呼び，質的なそれを「質的多様体」と呼んで区別している（ここで「多様体」という単語はフランス語で multiplicité であり，数学で言われる manifold とは別な用語である）。

要するに，二種類の多様体（multiplicité）を，「識別する」という語にありうべき二つの意味を，そしてまた，同じものと異なるものとのあいだの差異についての，一方は質的で，他方は量的な二つの考え方を承認しなければならないだろう。(DI 90 ［137］)

　主観的に感覚される質のことを，現代では「クオリア」と呼ぶことがあるが，ベルクソンは，私たちの「意識」や「心」のことを，大量のクオリアからなる質的多様体だと考えている。つまり，量的識別だけでなく，質的識別が働いていることが，意識を有する心の特徴であるということだ。

⑵　一般化された識別可能性

　では，ベルクソンは意識には量的識別は不可能だと考えていたのだろうか。そんなことはない。質的識別を行うことは意識にとって不可欠な条件であるが，だからといって量的識別が完全に失われるわけではない。ベルクソンは意識の

うちに表層から深層までのグラデーションを想定しており，その違いを量的な識別（以下の引用では「相互外在性」と呼ばれている）の混入の「度合い」によって記述している。

われわれの自我はその表層において外的世界に触れている。われわれの継起的な諸感覚は，互いに融合しながらも，相互外在性をいくらかは保持している。(DI 93 [141])

　つまり，量的識別と質的識別は，実際の意識の中では異なる配合で混在し共存している。そして，一方が増せば他方が減じるというトレードオフの関係にある。ここから量的識別と質的識別を掛け合わせた識別可能性の全体，（量だけでなく質まで含めるように）「一般化された識別可能性」というものを（ベルクソンが明示的に述べているわけではないが）仮設的に考えることができる。
　本章第1節で，相互作用の識別可能性を論じたときには，通念に合わせて量的な識別のことしか想定していなかったが，以降はベルクソンに倣って，質まで拡張されたより大きな識別可能性を考えることとしよう。

⑶　意識の創発という謎

　念の為述べておけば，量的識別と質的識別は独立に存立可能である。必ず両者が混じっていなければならないという論理的な必然性はない。例えば電磁波と電磁波が干渉するときに，その相互作用を説明する内在的な識別可能性として質的なものを持ち出すいわれはないだろう。量的な識別だけで二つの波の干渉は生じうるし，説明できる。また，質としての赤と青の間，甘いと辛いの間に，どちらが大きい小さいという関係は一般に介在しない。
　さて，量的識別のみで事足りる物質システムだけでこの宇宙が始まったとすると，現に私たちが意識を有しているという事実は，宇宙の歴史のどこかの段階で相互作用の中から質的識別が立ち上がったということを意味する。これは通常，意識の「創発」の問題と呼ばれ，現代においても解き難い謎とみなされ

ている。量と質が論理的に独立である以上，元々量しかないところに質の発生を考えるのは，普通に考えれば無から何かを湧き起こす無茶な話になるはずだからである。

　ベルクソンは意識の創発について，そうした無からの創造に訴えない，極めて独自な説を展開している。それが「凝縮説」である。これについては平井（2022）で既に詳しく説明したが，本稿では文脈の都合上，識別可能性の保存という観点に重きを置いて論じ直すこととする。

⑷　凝縮説

　本章第1節で用いた，識別可能性ギャップの有無を示す二つの事例を思い出してほしい。以下簡便のために，量的識別可能性を M，質的識別可能性を Q，M と Q からなる一般化された識別可能性を D と置く。

　物理的相互作用のケースでは，a の識別可能性 M(a) と b の識別可能性 M(b) の間に大幅なギャップは介在しない。他方で，生物知覚のケースでは，M(a) に比して，それを受け取る生物 c の識別可能性 M(c) が無視できないほど乏しい。

　ここで相互作用の経路上に一種の粗視化が介在することになる。つまり，M(a) 側では複数の異なる状態としてカウントされるものが，M(c) においては一緒くたにされてしまうわけである。この現象をベルクソンは「凝縮」（contraction）と名づけている。そして，生物知覚に，物質にはない質的な側面（クオリア）が登場するのは，まさにこの凝縮のゆえであると考えているのである。これは一体どういうからくりだろうか。

⑸　識別可能性不変の原理

　そこで視野を広げて，Q と D がどうなっているかを確認してみよう。まず a は物理現象であるので Q(a) 成分は無視でき，D(a)＝M(a) とみなすことができる（**図表 5-1**）。

　ここで，ある原理的な仮定を導入する。それは「一つの相互作用の内部で D

図表5-1〉 物理的相互作用のケース

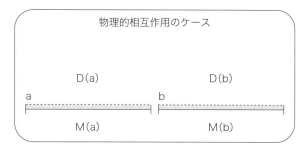

図表5-2〉 生物知覚のケース

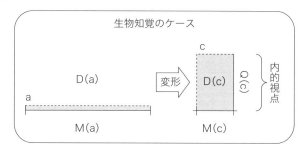

が保存される」という仮定である。これを〈D不変原理〉と呼んでおく。この
ケースでは，D(a)＝D(c) となることを意味する。この原理を仮定すると，今
凝縮がある（M(a)＞M(c)）ので，Mの不足を補填するQ(c) が要求される（**図
表5-2**）。つまり，凝縮によって質的識別が生じる。ベルクソンが述べている
のはこれである。

　この解釈のもとでは，凝縮説が述べているのは以下のようなことになる。生
物知覚においてクオリアのような意識事象が成立するのは，相互作用において
量的識別が不足することに連動した事態である。Mの欠落を補うQが要求さ
れるならば，Dは保存される。こうして，生物は，Mを縮減したことと引き
換えに，Qつまり質的な体験としての意識を獲得した。

　これに合わせて，D空間の変形が生じる。物質においてD空間はMの単一

次元のみによって（近似的に）表現されるが，生物においてはMとQによって構成される二次元に展開されることになるからである。

　補足しておくと，ここでとった〈D不変原理〉という仮定は，求める結論に対して強すぎる仮定である。そしてベルクソンが明示的に述べているわけでもない。凝縮によってQが成り立つことを示すために最低限必要なのは，Dの縮減分 $D(a) - D(c)$ が，Mの縮減分 $M(a) - M(c)$ よりも小さいということだけである。だが次節（アインシュタインとベルクソン）で述べる別の文脈の理由から，ここでは $D(a) = D(c)$ とするより踏み込んだ仮定を用いて説明した。

⑹　D空間の変形と内的視点の成立

　以上より，ベルクソンの理論は，認識者を世界に組み入れる包括的な視点を提供するにとどまらず，どうしてその認識が「内的」で「質的」な相を呈するか，つまり意識を持つものになるかについての説明も一括して提供する。

　認識が「質的」識別に基づくものであることは，上で説明した。認識が「内的」なものとなる理由は以下の通りである。物質の相互作用のケースにおいては，Mギャップがない。そのため，$M(a)$ のもとでのある変化は，$M(b)$ のある変化との一対一の対応関係を結ぶことができる。こうして，変化は互いに翻訳可能性を維持する（法則的な予測が可能である）。すると，$M(b)$ が次の相互作用において，例えば $M(d)$（dは物質）へと継承されることになり，原則として以下無限に続く。

　他方で，生物知覚の場合には，$M(a)$ から $M(c)$ への翻訳は縮減，つまり情報の損失を伴う。D不変原理が述べるのはあくまで $M(c)$ と $Q(c)$ からなるトータルが維持されるということであって，個別の要素を見たときに，$M(a)$ からの一意の対応関係（$M(a)$ の特定の点が $D(c)$ のどの点にマッピングされるか）は保証されない。M上の要素からQ上の要素への対応を決める法則は与えられないのである。

　Mが相互作用のリレーを通じて次々に伝播されることができ，相互にどこまでも比較可能であるのに対し，Qはある特定の相互作用内部で独自に成立す

る識別可能性次元である。したがって Q 次元を持つ生物の D 空間内の各点が互いにどのような相関関係のネットワークを取り結んでいるかは，その D 空間独自の都合でローカルにのみ定まり，外的に観察可能な M だけからは完全には決まらない。これがクオリアの「私秘性」をもたらす。

　例えば，他人が「かゆい」と言っているのがどのような質であるのかを直接自分のそれと比較することはできない。質的識別にはそうした局所閉域性がどうしても伴うわけである。

⑺　まとめ

　以上の議論を振り返りながらまとめよう。私たち一人ひとりの人間は，それぞれ内的な視点を持ち，世界を多かれ少なかれ質的な仕方で味わいながら生きている。人間を実験室に連れて行って，経験が持つ量的な識別可能性（空間分解能や時間分解能）を第三者が計測することは可能である。そうやって，私たちの経験が成立する境界条件を関係主義的な仕方で炙り出すことは，認識を自然的世界の中に組み入れるために不可欠な作業である。しかし，そこから，どのような質的体験が生じているかを個別的に直接推定することは，その当該認識者の外からはやはりできない。それが内的な（ベルクソンの意味で絶対的な）視点を還元できないことの意味である。

　ベルクソン説の興味深い点は，私たちの意識という，見かけ上計測される物質世界とは無縁に思える——それゆえに二元論的な説明に陥りがちな——性質を，（物的・心的を問わない）相互作用一般に内在的な識別可能性から導き出そうとする，その着想にある。量的識別と質的識別の一種の変換・交換に注目することで，無からの創造という魔法に訴えることなく，内的で質的な意識の発生を示す。

4. 相対性理論とベルクソン

(1) 客観的時間と主観的時間

　以上の議論を，時間という問題に差し戻してみよう。私たちはいわゆる「客観的な時間」と「主観的な時間」というものを区別するのに慣れている。前者は時計によって測られる，正確で共通普遍の時間である。後者は量的測定においては不正確かもしれないが，質的にリッチなニュアンスに富んだものだ。「忙しない時間」「まったりとした時間」「静かな時間」といった様々な言語表現は，時間のそうした主観的側面を指し示している。

　普通，これら二つの時間はどのように受け取られているだろうか。常識的で日常的な理解の中では，客観的時間は何かニュートンの絶対時間のようなものとみなされ，主観的時間の方は，これに対して劣った位置付けしか与えられず，錯覚や幻想のようなものとして片付けられることが多いかもしれない。

(2) 計測される時間と体験される時間

　だが，ベルクソンの観点では，「忙しない」も「まったり」も質的識別として，ちゃんとこの自然界の中で——局所的にではあれ——役割を果たしている。経験をどのような質的識別のもとで捉えるかによって，現に私たちの行動のアウトプットは現実に変わってくるからだ。時間にもクオリアの側面がある。それは，時間上のMギャップによるD空間の変形によって設けられたQ次元という「内面」に根ざしている。ベルクソンはこの側面を「生きられる（体験される）時間」，あるいは端的に「持続」（durée）と呼んでいる。

　もう一方のいわゆる客観的時間はどうか。すでに見たように絶対時間の立場を取らない以上，相対的・関係的見方で捉えることになる。時計で何かを計るということは，二つの運動の比較をすることだ。時計という運動体と計測対象となる運動体の比較を通じて，量的な意味での時間というものは求められる。

ベルクソンはこれを「計測された時間」や「空間化された時間」と呼んでいる。

　計測それ自体に，必ずしも時計のような人工装置の利用が不可欠なわけではない。求められる解像度や精度が低くても構わない状況であれば，そうした人為的装置を用いずとも，自力で時間を測ることもできる（お風呂で「いーち，にーい，さーん」とやる場合など）。なぜなら私たちは自らの身体で周期的運動を生成することができるからである。

　ここで忘れてはならないことが一つある。自分の身体を使う場合にはわかりやすいから見逃されることはないが，時計を使う場合にも，内在的視点による体験はずっと前提されている，という点だ。それがなければ，時計がちゃんと動いていることを見届けたり，最後に針を読み取ったりすることはできない。それゆえ実際には，量の評価に関わらない様々な質的な要因がそこには紛れ込んでいるわけだが（秒針の動きの質感や周りのノイズの感触など），私たちは量と質の織り混ざった自身の経験の中から，量的な成分だけを抽出して報告するように訓練されている。

⑶　『持続と同時性』の二つの謎

　ベルクソンは1922年にアインシュタインの相対性理論を扱った『持続と同時性』という書物を出版している。本章第２節⑵で予告したように，ベルクソンの他の主張との整合性について解釈者を悩ませ続けている厄介な書物である。

　同書において，確かにベルクソンは「一つの普遍的時間」の可能性について論じているのだが，これはニュートン的絶対時間ではない。注意すべき点が２点ある。一点目は，この「時間」（Temps）をベルクソンが大文字で強調している，そのことの意味である（During（2009），p.237）。これは計測された時間を指すのだろうか。もしそうだとすれば，つまり，全宇宙的に共通の量的時間があると主張しているのだとすれば，ベルクソンは単に軽率な過ちを犯しただけということになる。というのも本書第４章で解説されているように，アインシュタインの相対性理論は，そうした従来の通念に反して，静止系と運動系とではまさにその「計測された時間」が異なってくる——それゆえ宇宙に普遍

的な時間を認めることはできない——ということを示すものであったからである。そして現に，ここにベルクソンの無理解があると批判者から攻撃されてきた経緯がある。だが，それはあまりに皮相な捉え方である。デューリングがやや口調を荒げて指摘するように，「ベルクソンが純粋に哲学的な理由から，時代遅れの絶対時間の概念にしがみついているという考えは，単に馬鹿げているとしか言いようがない」（During（2022），p.110）。

二点目は，相対性理論に主観的時間（持続）を持ち込んで，双子のパラドックスにおける二者の持続が一致するという旨の主張をしている点である。これも，物理理論である相対性理論にそもそも心理的なものを持ち込む点で場違いなものと理解されてきた。客観的な意味での時間が同じだと言うならそれは間違っているし，主観的な意味での時間が同じだというのも上述の局所閉鎖性に反するため不可解である。

計測される時間量に実際に違いが出るということについては，ベルクソンはそのことをしっかりと認めることができていなかった。時代の制約もあるとはいえ，この点は動かし難い事実である。この点について，現代のある著名な時間の哲学者は以下のように述べている。「一方で，例えば1920年に Hafele と Keating の実験のような実験が可能であったならば，その結果を受け入れていたであろうと信じるに足る，実験に対する十分な敬意をベルクソンは持っていたと私は考える」（Savitt（2021），cf. 渡辺（1974））。

だが，本書のマルチ時間スケール解釈に基づくなら，上述の二つの問題点を含め不完全に終わった彼の立論を，彼の意図を汲む形で発展的に再構成してみることができるように思われる。以下にそのことを素描してみよう。

⑷　ローカルな時間を貼り合わせて拡張する

まず確認だが，元来のベルクソン自身の考えでは，ある個人の持続と別な個人の持続は，直接には比較不可能である。質的なものである持続は，相互作用の M ギャップに基づくものであり，そのため必然的にローカルなものだからだ（本章第 3 節⑹）。持続は基本的に多元論的である。そして，ベルクソンは『持

続と同時性』執筆にあたってこの主張そのものを改変したわけではない。その証拠に，彼はこの同じ『持続と同時性』の中でも，「われわれにとって時間一般など存在しなかったであろう。存在するのはわれわれ各人の持続だけだっただろう」（DS 53）と述べている。

　だから，ベルクソンが「普遍的時間」を導入するとしても，ニュートンのように天下り的なやり方ではない。以下の引用に見られるように，ある非常に技巧的な手順を踏んでいる。ベルクソンは，ローカルな時間を順番に貼り合わせ，それを無際限に繰り返した結果得られるものとして普遍的時間を描いている。

宇宙の全体を通して離れ離れに散在し，しかも偶然取られたそれらの中の続く二つの意識がその外的経験の野の限界部を共有できるほど互いにまさに十分近くにあるような，人間的意識をどれほどでも多くわれわれが想像することは，なんのさしつかえもない。これら二つの経験の各々は，これら二つの意識の各々の持続に参与する。そしてこの二つの意識は持続の同一のリズムを持っているのであるから，これら二つの経験についても同様でなければならない。しかし，この二つの経験は共通の部分を持っている。そこで，それらは，この連結線によって，唯一の持続の中で展開する唯一の経験へと合流する。この持続は，お好みで上の二つの意識の中のいずれの持続ともなりうるような持続である。同じ推論が次から次へと繰り返されうるから，ある同一の持続がその道に沿って物質界全体の出来事を寄せ集めていく。そこでわれわれは，最初にわれわれの思考の運動に対する中継者として離れ離れに配置した人間意識を取り去ることができるであろう。かくして，万事がそこで流れるような非個人的な時間だけが残ることになるだろう。（DS 44）

　ここで順次貼り合わされていくのが，単なる計測された時間ではない点に注目してほしい。ベルクソンはわざわざ「持続」——これは Q 次元で捉えられた時間である——を媒介項において，この貼り合わせによる拡張を行い，その上で最後に意識を消すという操作を行っている。そして，通常の計時において用

いられる同時性を「瞬時の同時性」（simultanéité dans l'instant）と呼び，これと明確に区別された新しい概念として，二つの意識にまたがる「流れの同時性」（simultanéité de flux）を導入する。これも同書で初めて導入された概念だ。

⑸　二つの時間の変換

　持続の局所性を述べた上の引用（DS 53）には，重要な但し書きがつけられている。「流れの同時性がなければ」，という条件節である。少し長くなるが，このくだりをまるごと引用しよう。

それゆえ，瞬間における同時性と流れの同時性は別々のものであるが，相互に補い合う se complètent réciproquement ものである。流れの同時性がなければ，われわれは以下の三者を互いに置き換え可能 substituables なものとみなすことはなかったであろう。①われわれの内的生の連続，②われわれが思考によって好きなだけどこまでも引き延ばす運動の連続，③空間上の任意の運動の連続。それゆえ，〔流れの同時性がなければ，〕実在的な持続と空間化された時間とは等価なもの équivalents ではなかったであろうし，したがってまた，われわれにとって時間一般など存在しなかったであろう。つまり，存在するのはわれわれ各人の持続だけだっただろう（強調及び番号挿入は引用者による，DS 53）

　フランス語文法で反事実的な仮定を示す「条件法」がずっと用いられていることから，ベルクソンは，実際には「流れの同時性」があるおかげで，バラバラの「各人の持続だけ」という状況に留まることなく共通の「時間一般」というものを持てるようになっていると考えていることがわかる。そして，そうしたグローバルな時間という考えを構成できるためには，どこかで体験される持続と計測される時間の間の変換が可能でなければならない。「補い合う」や「置き換え可能」や「等価」という言葉遣いは，ベルクソンがその種の変換可能性を構想しようとしていることを強く示唆している。

「流れの同時性」という概念の内実やその批判的検討については，本稿では割愛せざるを得ない。少なくとも，解釈者たちの間で見解が一致するほど明瞭な議論をベルクソンが展開できていないという事実はあくまでも認めておきたい。以下では，その未完の理路を私たちのMTS（マルチ時間スケール）解釈によってどれだけ補填しうるか，その概略を示して稿を閉じることにしたい。

(6)　第三の時間

　第3節での議論とパラレルに理解できるように，計測される時間をM時間，体験される持続をQ時間とする。そうすると，残るD，つまり「一般化された識別可能性」に対応する第三の時間としてD時間というものを置くことができる。これが解釈上の肝になる。この点で実に興味深いことは，アインシュタインがベルクソンとの会合の場において，ベルクソンの言う「哲学者の時間」を，（単に心理的な時間ではなく）「心理的であるとともに物理的な時間」のことを指すものと述べていることである。

　Dは，MとQの交換を通じて不変に留まるものとして仮定された量であるから，それ自体としてはどこにも現象しない。そのため，D時間はこれと名指しできるようなものではない。思い返しておいてほしいことは，計測される時間も，体験される持続も，その場で現実に生起している共通の自然現象（相互作用）を母体にして，そこから一定の仕方で取り出された二つの側面であるということ，そして両者の間にはDを媒介とした一定の相互連関がある，ということだ。

　生物が介在するとき，一般に，MもQも，それぞれ単独で見ると保持されない。その意味で，不可逆な情報の損失が生じ，隣り合うシステムを貼り合わせて「どこまでも引き延ばす」ことは不可能である。ある生物個体のQ時間と別な生物個体のQ時間とは，相互に切り離されている。これが持続の局所性である。他方で，Q成分を持たないM時間同士ならば（つまり物質同士ならば），どこまでも貼り合わせてグローバルな時間を求めることができる（相対論の効果を除けば）。

　だがD時間を考慮に入れると話が変わってくる。MからQへの変換を通じてDが保存されるとすれば，この目に見えないD時間については，異なる相互作用のシステムを跨いで「どこまでも引き延ばす」ことができる。物質の時間と心の時間という，従来は接点の持ち得なかった二つの時間の間に，橋を架けることができるわけだ。

⑺　相対性理論との同型性

　すでにお気づきかもしれないが，この戦略はアインシュタインのそれ——より正確にはローレンツによるその解釈——と極めて類似している。ローレンツ変換という考えのもとでは，相対論の効果によって一方の系において時間が短縮する場合でも，時間と空間を合わせた「時空」上の世界間隔については不変となる。

　以上のことから，本節⑶で掲げた二つの（見かけ上の）問題点を，以下のように解消することができる可能性がある。第二点から見てみよう。いわゆる双子のパラドックスに心理的時間を持ち込んで，双子の持続の等価性を語っている件である。ベルクソンが同書において，何らかの仕方でM時間とQ時間相互の変換可能性を探っていることは，すでに引用で認めた通り，確かである。それゆえ，（その成否はともかく）彼が確保しようと意図しているのは，二人の人物のQ時間同士の直接変換ではないはずだ。ベルクソンは確かにM時間の離齬を経験的事実として認めることに失敗しているが，それとは別に，つまり相対論効果の入らない状況下において，ローカルに閉じられているQ時間を超えたグローバルな時間の可能性を開拓している。それを，D時間なる不変量に基づく変換という道具立てで解釈することは，彼のより一般的な戦略，つまり凝縮説のMTS戦略と同型であることに照らして，一定程度有望であるかもしれない。

　以上の議論を，時間の内部でベルクソンは考えている。そこへきて，アインシュタインが心理的な意味での伸縮とはまったく別な意味ではあるにせよ，時間の伸縮という論点を持ち出してきたわけである。

　ベルクソンの戦略を再構成するとこうなる。質単体で考えるのではなく，質と量にまたがる不変量 D を仮定することで，それぞれローカルに異なる心理的持続を間に挟みながらでも，システムの時間を貼り合わせていくことができる。こうして得られるのが「普遍的時間」である。ここで大文字で表される「時間」（Temps）は，それゆえ M 時間でも Q 時間でもない，第三の時間，すなわち D 時間であると読むのが私たちの解釈となる。ベルクソンは，計測される量的時間でも，体験される質的時間でもない，第三の意味において，「一つの普遍的時間」の可能性を担保しようとした（そしてその意図のもとでアインシュタインはこれを「哲学者の時間」と呼んだ）。そうした可能性が浮かび上がってくる。

　そして，期せずしてアインシュタインもまた，同型の仕方で，ただし M 空間と M 時間の間の変換可能性——ローレンツ不変性に基づく——を語る理論を組み立てていた。ベルクソンはそこに自説との生産的な接合可能性を見ていたと考えるのは，あながちあり得ない話でもないかもしれない。

| 参考文献 |

Bergson, H. (1889) *Essai sur les données immédiates de la conscience*, Puf.（合田正人・平井靖史訳（2002）『意識に直接与えられたものについての試論』ちくま学芸文庫。引用に際しては略称 DI に続き仏語原文・邦訳のページ数を添えた）

Bergson, H. (1922) *Durée et simultanéité*, Puf.（花田圭介・加藤精司訳（2001）『持続と同時性』『ベルクソン全集　3』白水社。略称 DS。引用に際して訳を一部改変した）

Bergson, H. (1934) *La pensée et le mouvant*, Puf.（原章二訳（2013）『思考と動き』平凡社ライブラリー。）【緒論第二部の注で詳しく弁明・解説している】

During, E. (2009) "Introduction au dossier critique," in *Durée et simultanéité : á propos de la théorie d'Einstein*, ed., Bergson, et al. Elie During (Paris : Quadrige/Presses Universitaires de France).

デューリング，E（2016）「共存と時間の流れ」（清塚明朗訳），平井靖史・藤田尚志・安孫子信編『ベルクソン『物質と記憶』を解剖する　現代知覚理論・時間論・心の哲学との接続』書肆心水，270-305.

During, E. (2022) Time as Form : Lessons from the Bergson-Einstein Dispute, in

Campo and Gozzano (2022) *Einstein vs. Bergson*, De Gruyer, 99-133.

Guerlac, Suzanne (2020), "Bergson, the Time of Life, and the Memory of the Universe", in : Alexandre Lefebvre/Nils F. Schott (eds.), *Interpreting Bergson : Critical Essays*, Cambridge, 104-120.

平井靖史（2022）『世界は時間でできている　ベルクソン時間哲学入門』青土社。

Kügler, Peter (2020) What Bergson should have said about special relativity, *Synthese* (2021) 198 : 10273-10288　https://doi.org/10.1007/s11229-020-02716-x

Lesne, A. (2017) "Time Variable and Time Scales in Natural Systems and Their Modeling" in Bouton, Ch. and Huneman, Ph. (eds.) (2017), *Time of Nature and the Nature of Time*, Springer.

Lévy-Leblond, Jean-Marc (2021) Bergson, *Durée et simultanéit*é〔Flammarion〕

Savitt (2021) What Bergson Should Have Said to Einstein, *bergsoniana*-333.

内井惣七（2006）『空間の謎・時間の謎　宇宙の始まりに迫る物理学と哲学』中公新書。

渡辺慧（1974）「相対性理論とベルクソン」『時』河出書房新社。

第6章　生命と貨幣

1. はじめに

(1) ウイルスが生命なら貨幣も生命？

　ウイルスは一般の生物と違い，自分の力だけでは増殖できず，宿主の細胞に寄生することで繁殖する。そのため，ウイルスは物質と生命のあいだの存在とされている。しかし，遺伝子を持ち，自らのコピーを生成する点で生物に近い存在であることは認めざるをえない。

　19世紀の社会思想家カール・マルクスは，貨幣や資本というものを自己増殖する価値の運動体と定義した。明らかにこの定義は生命のそれに近い。端的に言って，マルクスは貨幣を生命に類似したものと考えていたと思われる。しかも，貨幣や資本は，自己増殖のために資本家という宿主を必要としているという点で実にウイルスに似ているのである。

　フランスの哲学者アンリ・ベルクソンは，生命を物質と並ぶ二つの実体のうちの一つとする考え方を提起した。しかも，その生命観は単純な目的論を排する斬新なものである。科学的な生命観が機械論的であるのに対抗して目的論を掲げるのでは，生命の実相を掴むことはできないとベルクソンは考えている。

(2) 生物学と経済学の間

　経済学者リチャード・グッドウィンは，数理生物学で有名なロトカ＝ヴォルテラの捕食者−被食者モデルを用い，資本家と労働者からなる経済モデルを提

起した。生命の世界では，種と種の関係は一面で対抗的であると同時に，他面で補完的である。グッドウィンのモデルではこうした対抗と補完の関係を通して，経済成長のなかでの景気循環が生み出される。

　本章は，以上の内容を詳細に考察することで，貨幣と生命，とりわけ，ウイルスとの類似性を示していく。それは生物学的観点が経済分析にとっても有効であることを，副産物として示すことになるだろう。

2．マルクスと生命としての貨幣・資本

⑴　商品と交換

　マルクスの叙述のなかでは，商品は自動的に貨幣を生成し，その貨幣が資本へと転換していく。その様子はあたかも，生物の胚が細胞分裂を繰り返しながら遺伝子に設計図が描かれている通りの生物個体へと成長していくかのようである。その理由はまさに，商品という概念のなかに貨幣を媒介として交換されるという性質が潜在的に書き込まれているからである。さらに，純粋な交換価値そのものである貨幣には，それが自ら無限の増殖を欲して止まない資本になるのだという運命が刻み込まれているからである。

労働生産物はその交換の内部においてはじめて，その感覚的にちがった使用対象性から分離された，社会的に等一なる価値対象性を得るのである。労働生産物の有用物と価値物へのこのような分裂は，交換がすでに充分な広さと重要さを得，それによって有用物が交換のために生産され，したがって事物の価値性格が，すでにその生産そのもののうちで考察されるようになるまでは，まだ実際に存在を目だたせるようにはならない。(マルクス（1967），翻訳，p.133)

　マルクスの文章は難しいので，詳細な読み説きが必要であろう。人が働いて洋服や食料といった品物が作られる。本来これらは，人が使って役に立つもの

という性格を持っている。洋服ならば着ると暖かい。食料ならば食べてお腹が満たされる。洋服と食料は全く違ったもので，本来何ら共通性をもたない。

　しかし，私たちの経済では，違ったものである洋服と食料が交換される。交換されるということは，洋服と食料のなかに何らかの共通性があるということである。私たちはこの共通性のことを品物の価値と呼んでいる。気を付けなくてはならないのは，品物は元々価値を持っているから交換されるのではなく，交換されることによって価値を持つようになるということである。

　商品という概念のなかに既に交換されるものという性格が含まれているとしても，商品それ自体が動いて行って自ら他の商品と交代することはできない。交換のためには，人間がその商品の所有者として動いてくれることが必要なのである。マルクスの叙述は，まるで商品が宿主である所有者に乗り移って，それを意のままに動かしているかのようである。つまり，貨幣はウイルスのように宿主に寄生して，これを操るのである。

商品は，自分自身で市場に行くことができず，また自分自身で交換されることもできない。したがって，われわれはその番人を，すなわち，商品所有者をさがさなければならない。（中略）人々はここではただ相互に商品の代表者として，したがってまた商品所有者として存在している。叙述の進行とともに，われわれは，一般に，人々の経済的仮装は経済的諸関係の人格化にすぎず，この経済的諸関係の担い手として，彼らが相対しているということを見るであろう。（同上，p.152）

　私たちは商品の所有者であるから商品を自由に処分できるのではない。商品を所有していることが，私たちの何々という商品の所有者という社会的性格付けを与えるのである。洋服を持っている個人にとって，食料を持っている人は見ず知らずの他人かもしれない。しかし，自分は洋服の所有者として，相手は食料の所有者として，そうでなければ無関係であった他人と取引上の関係を持つことになる。

⑵　貨幣から資本へ

　当初は，洋服と食料が交換されたり，食料が食器と交換されたりという物々交換が行われるのかもしれない。だがやがて，自らも商品であった金銀などの貴金属が，他の商品を交換によって手に入れる力，すなわち，購買力を表現するものと一般にみなされるようになる。こうなると，いかなる商品もいったん貨幣に姿を変えなければ，一般的な交換力を持たないということになってくる。貨幣の誕生である。

　こうなってしまうと，貨幣を集積することは，商品交換の世界で絶大な権力を得ることに他ならなくなる。人々はこうした富への欲望という伝染性の病に瞬く間に感染する。貨幣への欲望に感染した人々は，貨幣をいったん手放して流通させることで，元々の貨幣を一層増やそうとするのである。

この運動の意識的な担い手として，貨幣所有者は資本家となる。彼の一身，またはむしろその懐は，貨幣の出発点であり，到着点である。かの流通の客観的内容―価値の増殖―は，資本家の主観的目的である。そして抽象的富の取得増大のみが，彼の行動のもっぱらなる推進動機であるかぎり，彼は，資本家として，または人身化せられ，意志と意識をあたえられた資本として，機能する。(中略) またその直接的な目的は，個々の利得でもなく，休みなき利得の運動以外でない。(同上，pp.266-267)

　ただ貨幣をたくさん持っているというだけでは，彼は単なる守銭奴にすぎない。貨幣の所有者が資本家と呼ばれるために，まず自分自身が手持ちの貨幣をいくらでも増やしたいという欲望を持たなければならない。たが，その欲望は単なる心のなかでの願望であってはならない。実際に手放した貨幣がより多くの貨幣となって戻ってくるという，実際の経済活動に根差した営みでなくてはならないのである。このとき，資本家は生身の人間でありながら，資本そのものの人格化になっている。

⑶　生命体としての貨幣

　資本という運動体も現象的には貨幣に他ならない。しかし，静止した貨幣は資本と呼ばれず，運動し自己増殖する貨幣のみが資本と呼ばれることができるのである。

　こうして，価値は自己過程的の価値となり，貨幣は自己過程的の貨幣となる。そしてこのようなものとして，資本となる。価値は流通から出てくる。再びそこにはいる。その中に自己を保持し，殖える。そして同一の循環を，つねにまた新たに始める。(同上，pp.270-271)

　マルクスは貨幣を，単に比喩として生命に例えているわけではないと思う。何か具体的目的があるわけでもないのに，ひたすら，成長し増殖していくプロセスが生命である。これはマルクスの言う，増殖する貨幣としての資本にそっくりである。マルクスは，貨幣がまさにそうした生命体そのものであると言っているのである。

3．ベルクソンと生命の自己展開

⑴　ベルクソンにとっての生命

　哲学では，この世の中の本当は何かを考え，実際に存在するものを実在と呼ぶ。ふつう私たちは，そのような意味での実在は物質だけであり，生命や人間の意識などの現象は物質からその営みとして生まれてくると考えている。

　これに対して，20世紀初めまで活躍したフランスの哲学者ベルクソンは，そのような実在は物質だけでなく，生命もまた物質とは異なった実在であると考えた。だが，こうしたベルクソンの哲学は，生命というものを物質的に考える生気論の類と誤解されていることが多いのではないだろうか。

　物質と生命を二元的な実在として，お互いに対立させる哲学を提起したと言われているベルクソンであるが，事はそれほど単純ではない。生命は，実体という言葉から想像されるような静的なものではなく，活動や運動そのものの謂いなのである。

生命を生命一般として何か抽象物のように，あるいはあらゆる生物をその下に書きこむための単なる見出しのように語ることはもはや許されないであろう。むしろ，さる瞬間に，空間内のしかじかの点ではっきりそれとわかるひとつの流れが源を発した。そしてこの生命の流れが，物体をつぎつぎに有機組織化しつつそれを通りぬけ，世代から世代へとうつり，力を少しでも失うどころかすすむにつれてかえって強まりながら，種に分れ個体にちらばってきた，とでもいおうか。(ベルクソン (1907), 翻訳, p.49)

　ベルクソンの描写は，他の哲学者のように四角四面のものではなく，まるで詩か何かのように美しい。彼の言っている生命は，物質と対比されるものというより，物質とは区別されながらもそれに浸潤して，物質と一体化していくものなのである。

(2)　生命と時間

　ベルクソンの生命は，物質という命なきものに対して，新しいものを常に生成する宇宙の創造性といったようなものである。あえてその性格をレッテル貼りすれば，物質が空間的なものであるのに対して，生命は時間的なものということになる。

そこでは新しいものはひとつひとつ湧きあがってきて現在を作ったかと思うと，もう過去へと退いてしまう。まさにこの瞬間にその新しいものは双眼を背後に向けっぱなしの知性の視野に入るのである。私たちの内的生活のばあいがすでにそうである。私たちの行為おのおのにたいして先行因子を見つけだし，その

行為を諸因子のいわば力学的な合成とみることはたやすいであろう。また，行動はいずれも意図の実現であることもやはり当っている。この意味で私たちの振舞いの展開には，いたるところ機械性がありいたるところ目的性がある。(同上，p.72)

　生命は一瞬一瞬に新しいものを生み出す力のことである。しかし，私たちの知性は既に起こってしまい，過去になったものしか認識することができない。つまり，生命が生命である創造の瞬間というものは，私たち人間には不可知なのである。

　過去になったものは物質が織りなす何らかのプロセスとして解釈可能である。私たちが生命現象もまた，物質の化学的反応のプロセスとして説明し尽くしたように考えているのはそのためかもしれない。

⑶　創造そのものとしての生命

　通常私たちは，物質的な説明の因果論と，生命現象や人間行動を説明するときの目的論を対置して考える。たとえば，目があってそこに光が入り込み，目の奥で電気信号に変えられて脳に到達するので物が見えるというのは，因果論による説明である。これに対して，目があれば餌を捕食できたり，逆に，目があれば捕食者から逃げることができたりするという理由で，生物は目を持つようになったと言えば，これは目的論ということになる。

　ちょっと考えれば目的論に与しそうであるが，ベルクソンは生命を説明することは，機械論でも目的論でも不可能であると言う。目は偶然水晶体や視覚神経ができて見えるようになった，と説明することは機械論である。いや，生命は物を見るために自ら目を作り出したのだ，と言うのは目的論である。ベルクソン曰く，いずれの説明も間違っている。生命はいずれの立場も超えた創造の運動そのものなのである。

生命の諸特性はけっして完全には実現されぬもので，つねに実現の途上にある。

それは状態よりは傾向なのだ。そして傾向がのこりなく目的を達成するのは，それに逆らう傾向がひとつも残っていないときにかぎるのである。こんな場合が生命の領域にどうして現われるであろうか。のちに示すように，そこでは相克する諸傾向がつねにもつれあっている。なかんずく個体性のばあいには，個体化の傾向が有機的世界の随所にあらわれているとすれば，生殖の傾向も随所でそれと闘っている，といってよい。個体性が完全であるためには，どんな部分もその有機体からはなれたら独立には生きてゆかれないようでなければなるまい。しかしそうなれば，生殖はできなくなろう。(同上，pp.34-35)

　生命が目的を持つとしたら，それはどこかで目的が完全に達成されることを意味する。だが，そうなってしまえば，生命は生命であることを止めるであろう。なぜなら，生命とは常に新しいものを作り出す営みだからである。

　生命が創造的であるということは，それが物質の持つ，変わるまいとする慣性と常に戦っていることを意味する。物質の抵抗によって生命は創造の火花を飛び散らせるのである。

　物質的世界では，おそらく生命も個体として他から独立して存在する方が生存しやすいのであろう。他に依存することが強ければ，他の個体や環境からの影響を強く受けすぎて生存が困難になるかもしれないからである。

　ベルクソンによれば，生命は確かに，個体として独立に振舞うという傾向を持っている。だが，個体として完全であればあるほど，それ自身が別の個体から生まれ出てくるということが論理的にできなくなる。つまり，生殖ということが不可能になるのである。

　生物個体は，その発生において個体性を打ち消されているのである。生命は自分自身の本性を否定することによって，種として増殖し繁栄することができる。これは，マルクスの資本としての貨幣が，自己の一般的購買力という性質を否定して，商品として流通に身を投じることで増殖するのと類似していると言えるかもしれない。

実は生気論の立場を極めて難しくしているのは，自然界には純粋に内的な目的性もなければ，絶対的に切りはなされた個体性もないという事実なのである。有機的な諸要素は個体の構成に参じながらそれぞれにある自主性をもっており，個体が自分の生命原理を持つべきであるなら各要素もそれぞれの生命原理を主張するであろう。(中略)この意味で，個体は生きものの総体と目にみえぬ線でつながったままでいるといえる。してみれば，目的性をちぢめて生物の個体にかぎろうとしても仕方がないであろう。生命の世界に目的性がいくらかでもあれば，それは生命全体を不可分なひと抱えで包括しているのである。(同上，pp.67-68)

　生命の単位はあるようでない。たとえば，人間の身体は多くの細胞から構成されている。しかし，個々の細胞はそれぞれが生きていて，自らが生きるために私という個体に協力しているという見方もできる。さらに，私たちの身体に発生した癌細胞は個体の身体を蝕み，最後は死に至らしめるであろう。生物の個体のなかには，細胞の協力と相克の両面が組み込まれている。

　地球上では生物のそれぞれの種が，相互に協力と相克の関係を織り成しながら一つの生態系を形作っている。その意味で，ベルクソンの言うとおり，生命全体が一つのものであると考えられる。目的というのは，私という一人の人間，あるいは，生物の個体について言われることだから，そうした個体性が絶対なものでないとすれば，生命が目的を持っていると言うことも難しくなる。

　しかし，あえて考えた場合，生命全体の目的とは何であると言えるであろうか。それは目的とも言えないようなものであり，ただ意味もなく生命を繋ぎ，数を増やしていくことだけではないだろうか。その意味で，マルクスの資本としての貨幣が，贅沢をするなどの特定の目的を持たずに，ひたすら自己増殖していくことを宿命付けられているのによく似ているのである。

4. 生物学の個体数モデル

(1) 捕食者と被食者のモデル

　生命の世界は，皆よく知っているように生きるか死ぬかの世界である。強い者が弱い者の生命を奪い，自らの命を繋いでいく。相手を捕らえて食べる生物を捕食者，相手に捕らえられて食べられる生物を被食者と呼んでいる。

　第一次世界大戦中，アドリア海では漁業が全くできなかった。初の世界大戦がようやく終わった後で，イタリアの生物学者ダンコナが魚類の生息割合を調査したところ，サメなど肉食魚の割合が増加していた。不思議に思ったダンコナはこのことを説明する方法を，数理物理学者のヴィト・ヴォルテラに尋ねた。

　ヴォルテラはダンコナの求めに応えるために微分方程式を作成して，捕食者と被食者の個体数がどのような循環を描くかを説明するモデルを作成した。ちなみに，モデルというのは，経済学などの学問で，実際の様子を再現してみるために，数学の式を使ったりして作る模型を意味する言葉である。後に，ヴォルテラが作成したような数理モデルは，アメリカの科学者アルフレッド・ロトカによっても研究されていたことがわかり，現在はロトカ＝ヴォルテラ方程式の名で呼ばれている。

(2) なぜサメの数は増えていたか？

　さて，ダンコナの調査の結果，数が増えていたことがわかったサメは捕食者であり，他の魚は被食者である。サメのような捕食者は，餌になる他の魚のような被食者の数が多いとそれだけ栄養状態が良くなり，結果その数を増していく。

　しかし，サメの数が多くなりすぎると，今度は餌の魚が足りなくなる。大量のサメの胃袋を満たすだけの小魚がいなくなるためである。こうして，飢えたサメから順次餓死したり，あるいは，栄養状態が悪くなって繁殖ができなく

なったりすることが起きる。そうして、サメは、今度は数を減らしていくのである。

　捕食者であるサメの数が少なくなると、食べられずに生き残る小魚の数が回復していく。だから、サメの数が減る一方で、小魚の数が増えるという局面が訪れる。小魚が増えると、再びサメがたらふく食べられるようになり、サメの数が増加に転じるのである。

　被食者の数が多くなると捕食者の数も多くなる。しかし、捕食者に食べられて被食者の数が少なくなると、食料不足で捕食者も数を減らす。上で具体的に説明したようなプロセスを経て、捕食者と被食者の個体数は循環的な変動を示すことになる。

　第1次世界大戦前の漁が行われていた時代は、被食者である小魚の数が漁によって減少するため、それを食料にする捕食者であるサメの数も抑制されていた。しかし、漁ができなくなって被食者である魚の数が増えたため、捕食者であるサメの数も増えたというのが、ダンコナが見た事態の真相であった。増えたサメはその他の魚を大量に食べ、ある時点でサメの数がほかの魚に比べて相対的に大きくなるということもあっただろう。ダンコナが調査したのは、まさにそういう時点だったわけである。

⑶　モデルの実際

　被食者の数を x、捕食者の数を y とすれば、a、b、c、d を正の定数として、それぞれの変化率を式⑴と式⑵で表すことができる。

$$\frac{\dot{x}}{x} = a - by \tag{1}$$

$$\frac{\dot{y}}{y} = -c + dx \tag{2}$$

　式⑴や式⑵で x や y という文字の上に黒丸が付いているが、これはドットと読み、元の文字が距離だとすると速度のことである。

　図表6-1の左図を見てほしい。5時間で距離を20キロメートルだけ進んだ

図表6-1 速度と加速度

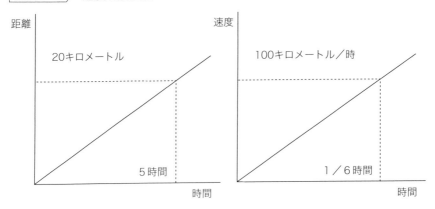

とする。1時間当たりに進んだ距離に直せば、それは4キロメートルである。これが速度で、時速4キロメートルと表現する。図では直線の傾きがこれにあたる。有名な物理学者のアイザック・ニュートンが、距離を表す文字にドットを振ることで、速度を表現する記号法を考え出した。

　距離を表す文字の上に、ドットを二つ並べて付けると今度は加速度を表すことになる。**図表6-1**の右図を見てもらいたい。最初静止していた車が10分で速度100キロメートルまで加速した様子がグラフで表されている。加速度は毎分10キロメートルであるが、毎時であれば600キロメートルになる。実際に自動車が時速600キロメートルまで加速することはありえないが、加速度は各時点でそのようになっている。加速度も横軸に時間を、縦軸に速度を図った場合には、グラフの傾きに等しい。

　式(1)と式(2)では、捕食者の数と被食者の数が増えていく速度を、さらに元の捕食者の数と被食者の数で割ったものが左辺になっている。それらは、時間当たりの数の増加率を表す。分子の速度がプラスであれば、増加率ももちろんプラスで数が増えていることを示す。逆に、分子の速度がマイナスであれば、増加率もマイナスになり数が減っていることを表す。

　次に式(1)の右辺を見てみよう。これは、被食者の時間当たりの増加率が捕食

者の数によって左右されることを表している。もし捕食者がゼロであれば，被食者は一定の率 a で順調に増加していく。

　だが，捕食者が現れると，被食者は食べられ始めるため，徐々にその増加率を落としていく。そして，ある程度以上捕食者の数が増えて $a<by$ となったらそれ以降，被食者の増加率はマイナスに転じ，被食者の数が減っていくことになる。

　式(2)の右辺も同様に考えられる。捕食者の数も，餌となる被食者の数に依存して決まっている。もし被食者が全くいなければ捕食者は飢えて死んでいくので，$-c$ という一定の率で減少していく。被食者が現れると，ある程度の捕食者が餌にありつけるので減少率が低下していく。そして，被食者の数がもっと増えて $c<dx$ となったら，それ以後は減少から増加に転じて，捕食者の数が増加していくのである。

(4)　個体数の変動の様子

　捕食者の数が変化しないとき，式(2)の右辺はゼロに等しいから，それは $x=c/d$ が成り立つときである。また，捕食者の数が変化しないとき，式(1)の右辺がゼロに等しいから，それは $y=a/b$ が成り立つときである。

　このことを横軸に被食者の数 x を，縦軸に捕食者の数 y を測った座標平面上に表すと**図表6-2**のようになる。垂直な直線上で捕食者の数が変化せず，水平な直線上で被食者の数が変化しない。

　垂直な直線の左側では，被食者の数が少なすぎるために捕食者の数が減少し続ける。逆に，右側では被食者の数が十分に大きいため，補足者の数が増加を続ける。

　また，水平な直線の上側では，捕食者の数が多すぎるため，被食者の数は減少を続ける。逆に，下側では捕食者の数が少ないため，被食者の数は増加を続ける。

　垂直・水平2本の直線で区切られる四つのフェーズのそれぞれに，矢印で捕食者と被食者の数が変化する方向を表した。ある点から始まってフェーズを経

126

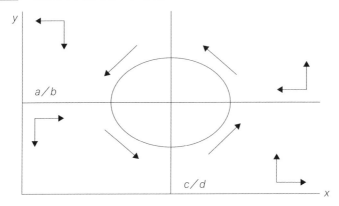

図表6-2 捕食者と被食者の位相図

巡りながら個体数がどのように変化するかを考えると，直線の交点を中心にした反時計回りの円軌道を描くことがわかるだろう。

　つまり，生物の個体数は，被食者と捕食者が共に増加する局面，捕食者は増加するが被食者は減少する局面，被食者も捕食者も共に減少する局面，捕食者は減少するが被食者が増加する局面を，順にこの順番で繰り返すのである。

5．生物学を元にした経済モデル

⑴　資本家と労働者を考える

　経済学者リチャード・グッドウィンは，捕食者と被食者が一面では補完的で一面では相克的である結果，循環的な変動が生まれることに着目した。そして，資本家と労働者の2大階級からなる景気循環モデルを提案した。

　もちろん，資本家が労働者を捕って食うとか，逆に労働者が資本家を襲うとか，そんな意味ではない。経済のなかのある変数と別の変数が，ロトカ＝ヴォルテラのモデルの捕食者と被食者の役割を果たすということである。

　グッドウィン・モデルの前提は次のようである。労働者は賃金の全てを消費

するが，資本家は利潤の s_c の割合を貯蓄する。貯蓄は銀行などの金融機関を通じて，企業へと貸し出されるので，その総額は，企業が建物や機械，設備を新たに入手する投資に金額的に必ず等しい。

⑵　モデルの詳細

何人の労働者が企業に雇われているかという雇用量 N に対する生産額 Y の比率である労働生産性 a は，γ の割合で上昇していくとする。他方，労働供給 L は n の割合で増加する。また，資本額 K に対する生産額 Y の比率は一定値 σ である。

$$a = \frac{Y}{N} \tag{3}$$

$$\sigma = \frac{Y}{K} \tag{4}$$

労働供給に対する雇用量の割合である雇用率を x で表すと，式⑸が得られる。

$$x = \frac{N}{L} = \frac{1}{L}\frac{Y}{a} = \frac{1}{L}\frac{\sigma K}{a} = \sigma K \frac{1}{a}\frac{1}{L} \tag{5}$$

式⑸の変形には，式⑶と式⑷の関係を使った。

変化率を考えると，数値の水準を表す式の分子は足し算の関係，分母は引き算の関係になるので，式⑹が得られる。なお，変化率にしてしまえば，定数は変化しないためすべて消えてしまう。

$$\frac{\dot{x}}{x} = \frac{\dot{K}}{K} - \gamma - n \tag{6}$$

左辺が x の変化率となり，右辺の σ は定数で変化しないので消え，次に資本ストックの変化率が来る。労働生産性 a の逆数の変化率 γ は引き算になり，労働供給 L の逆数の変化率 n もやはり引き算になっている。

水準の式での掛け算は変化率の式での足し算になり，水準の式での割り算は変化率の式での引き算になるということを実感してもらうために，数値例を考えよう。

　日本の所得合計が500兆円だとする。人口が1億人であれば，一人当たり国民所得は500万円である。国民所得が翌年にかけて5％増加し，人口が10％増加したとすると，翌年の国民所得は525兆円，人口は1億1,000万人になる。翌年の一人当たり国民所得は477万円に低下してしまう。変化率は約マイナス5％であり，これは分子の国民所得の変化率5％から，分母の人口の増加率10％を引いた値に等しい。

(3) 労働分配率と雇用率

　所得が労働者に分けられる割合である労働分配率を y とすれば，所得が資本家に分けられる割合である資本分配率は $1-y$ である。投資によって資本は増加するので，投資は資本の増加速度である。投資が貯蓄に等しいことから，$\dot{K}$ は S に等しい。貯蓄は式(7)で示される。ここから投資＝貯蓄を意味する式(8)が得られる。両辺を K で割ることで，資本蓄積率を示す式(9)が得られるのである。

$$S = s_c(1-y)Y = s_c(1-y)\sigma K \tag{7}$$

$$\dot{K} = s_c(1-y)\sigma K \tag{8}$$

$$\frac{\dot{K}}{K} = s_c\sigma(1-y) \tag{9}$$

　式(9)を式(6)に代入すると，雇用率の変化率は式(10)で表されることがわかる。

$$\frac{\dot{x}}{x} = s_c\sigma(1-y) - \gamma - n \tag{10}$$

　ところで，賃金率を w とすれば，労働分配率 y は式(11)にようになる。変化率を考えれば，掛け算は足し算，割り算は引き算になることから，労働分配率の変化率は式(12)で表される。

$$y = \frac{wN}{Y} = \frac{wN}{aN} = \frac{w}{a} = w\frac{1}{a} \tag{11}$$

$$\frac{\dot{y}}{y} = \frac{\dot{w}}{w} - \gamma \tag{12}$$

ここで賃金率の変化率を具体的な式で表しておきたい。雇用率 x が上昇すれば労働市場が逼迫して賃金率の変化率が上昇するという関係を仮定すれば，α, β を正の定数として式(13)が想定できるだろう。

$$\frac{\dot{w}}{w} = -\alpha + \beta x \tag{13}$$

式(13)と式(12)から式(14)が導かれる。

$$\frac{\dot{y}}{y} = -\alpha + \beta x - \gamma \tag{14}$$

(4) 経済の循環的変動

式(10)と式(14)を整理すると，それぞれ式(15)と式(16)となり，ロトカ＝ヴォルテラ・モデルの式(1)と式(2)と同じものであることがわかる。

$$\frac{\dot{x}}{x} = s_c\sigma(1-y) - \gamma - n = (s_c\sigma - \gamma - n) - s_c\sigma y = a - by \tag{15}$$

$$\frac{\dot{y}}{y} = -\alpha + \beta x - \gamma = -(\alpha+\gamma) + \beta x = -c + dx \tag{16}$$

したがって，横軸に雇用率 x，縦軸に労働分配率 y を測った座標平面上で，経済の状態を表わす点は**図表6-2**と同じように反時計回りに循環運動をする。この経済モデルでは，雇用率が被食者の数と同じ役割を，労働分配率が捕食者の数と同じ役割を果たす。

雇用率が上昇すると労働者の賃金交渉力が増大するので，労働分配率が上昇する。逆に，利潤分配率が低下することで貯蓄が少なくなり，資本蓄積率が低下する。資本蓄積率がある程度まで低下すると，雇用率も低下を始める。雇用率の低下は労働分配率の低下に繋がり，利潤分配率が上昇に転じるのである。

6. おわりに

(1) ウイルスと同じ疑似生命体としての貨幣

　カール・マルクスは市場経済に対して批判的な目を向けるなかで，生命体のように自己増殖していく資本としての貨幣を発見した。単なるモノではなく交換されることを本質とする商品は，その所有者である生身の人間を操り動かすことで他の商品との交換を実現する。

　異なったモノ同士の間にある交換力が価値として考えられ，あらゆる商品との交換が可能である貨幣は価値そのものとして人々に観念されるようになる。貨幣の交換力は購買力と呼ばれている。貨幣が価値そのものとなった結果，人々はそれを増やすことに躍起となる。資本としての貨幣は，流通に繰り返し身を投じることで自らを増殖させていく。

　無限の価値の増殖運動として資本と化した貨幣の人格化，それが資本家である。言い換えれば，貨幣は資本家という宿主に感染することによって増殖していくウイルスに他ならない。

　アンリ・ベルクソンの捉えた生命も，無限の増殖を遂げていく傾向を持ち，それ自体なんらかの存在というより運動そのものである。生命は物質のなかに入り込み，それを道具として突き動かしながら拡大していく。それを私たちは生命体と呼んでいる。

　生物の個体は通常，多くの細胞からなっている。それらの細胞一つ一つが生命であるとともに，細胞の集合体である個体もまた一つの生命として生きている。それどころか，生物界全体を構成する個々の要素である種もまた，互いに協力と対立を繰り返しながら拡大していくという意味で一つの生命体であり，種が織り成す生態系もまた1個の生命と見ることができる。

⑵　個体数の循環と経済の循環

　そうした種相互の協力と相克を最もよく表すものとして，捕食者と被食者との関係がある。数理生物学のロトカ＝ヴォルテラ・モデルは，捕食者の数と被食者の数が相互に関係して増減しながら循環することを示している。

　つまり，循環的な変動，つまり，波動が生命現象の本質の一つである。それは変動を通じてある秩序が保存されていくダイナミックな動学的プロセスである。生命現象は常に変化していきながら，決して無秩序に発散していくことはない。それは変化のなかでギリギリの均衡を保つ一つのシステムなのである。

　リチャード・グッドウィンはロトカ＝ヴォルテラ・モデルから想を得て，資本家と労働者の2階級からなる経済モデルを作成した。階級闘争という考え方からすれば，資本家と労働者の関係を捕食者と被食者に例えたくもなろう。しかし，事はそれほど単純ではない。人間社会は動植物相互の関係ほど単純ではないからである。

　グッドウィン・モデルでは，雇用率が被食者の役割，労働分配率が捕食者の役割をして景気循環が生じることが示される。労働分配率がゼロのとき，全ての所得が資本家のものとなり貯蓄が最大限まで増える。これは投資を最大化して所得の増加を上限まで高めるので，雇用率は一定の a で上昇することになる。労働分配率が上昇し始めれば貯蓄が減るので，雇用率の増加率も下がっていき，$a<by$ となって以降は雇用率が減少を始めるのである。

　他方，労働分配率は，雇用率がゼロのとき，失業者が溢れている関係などで賃金率が低下し，一定の率 c で減少している。雇用率が上昇していけば，労働分配率の減少率にブレーキがかかっていき，$c<dx$ となって以降は労働分配率が上昇に転ずるのである。

| 参考文献 |

Bergson, H. L., *L'Évolution créatice*, Félix Alcan, Paris, 1907.（真方敬道訳（1979）『創

造的進化』岩波文庫。)

Goodwin, R., 'A growth cycle,' in C. H. Feinstein (ed.), *Socialism, Capitalism and Economic Growth, Essays Presented to Maurice Dobb*, Cambridge University Press, Cambridge, pp.54-58, 1967.

Marx, K. H., *Das Kapital I, Kritik der politichen Oekonomie*, Verlag der Otto Meisner, 1867.（向坂逸郎訳（1969）『資本論㈠』岩波文庫。)

第7章　ウイルスは生命か？

1．はじめに

　これまで多くの科学者が「ウイルスは生命か？」ということを考えてきたように思われる。ここでは一般的に考えられているものの流れから，近年の理解を含めてここに記載していきたいと思う。

　ウイルスは生命か？　これに答えるためには，まずウイルスとは何かを考え，その一方で生命とは何かを考える必要がある。その上でウイルスは生命か？を考えてみたい。

2．ウイルスとは何か？

⑴　ウイルスの発見

　ドイツの農芸化学者のアドルフ・マイヤーは，1886年に「タバコモザイク病」と名づけたタバコの葉を生産する植物の病気についての論文を発表し，その症状を詳細に説明した。

　この病気に罹ったタバコの葉の樹液を，健康なタバコの葉につけると，同じ症状が健康なタバコの葉に観察された。このため樹液の中には，未知なる細菌がこの病気を伝染させると思われた。そこで彼は，この未知なる細菌を発見するため，その樹液を濾過しその細菌の単離を試みた。この濾過という操作は，大きな物質は透過しないが，小さい物質は透過できるという仕組みからなる。

タバコモザイク病に罹ったタバコの葉
(「タバコモザイクウイルス」Wikipedia から)

　実際この濾過は，細菌ぐらいの大きさを取り除くことができるものであった。

　マイヤーは，単離されたはずの試料を光学顕微鏡で観察し，病原体を導く細菌を探した。

　しかし，残念ながらその細菌は見つからなかった。発見するべき病原体が小さすぎたのだ。

　解釈は2つある。1つは，病原菌は濾過をすり抜ける光学顕微鏡で見えないもの。もう1つは，細菌ではない何かの小さな病原体がある。

　この当時多くの病原菌が顕微鏡を使って発見されてきたため，症状から考えると，その原因は細菌と考えても無理はないように思える。

　しかし，現実は異なっている。

　この実験の少し後1898年に，オランダのマルティヌス・ベイエリンクは，このタバコモザイク病の原因を探るべく，病気に罹ったタバコの葉をすり潰し，アドルフ・マイヤーと同じように濾過をした。ただ彼が扱った濾過器は，マイヤーが使っていたものと異なっていた。さらにその濾過機能が高く，フィルターの穴の系が小さいものだった。事実この濾過器によって，ジフテリア菌とその毒素を分けることができた。

　この濾過器によって濾過された溶液をタバコの葉に塗布したところ，細菌が存在しない濾液においてもこの病気は発症した。彼は，少なくとも細菌ではないらしいということを解釈し，これを「毒」を意味するラテン語の「ウイルス」と名付けた。

　これがウイルスの名前の由来である。ここでの彼の結論は，つまりタバコモザイク病は，細菌ではなくウイルスで発病するということだ。

　ただこれでも正確には，さらに微小な細菌という考え方は完全には消えない。その実態を見つける必要がある。
　幸いウイルスが含まれる濾液は存在する。これを1935年にウェンデル・スタンリーが，結晶として発見することになる。

　つまりこの病原ウイルスは，結晶化された物質であることがわかる。
　このことは，1）ベイエリンクの主張が正しいこと，2）ウイルスは結晶化された物質であることが示された。

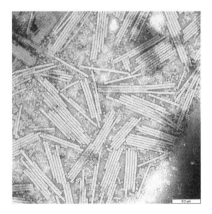

タバコモザイクウイルスの結晶（「タバコモザイクウイルス」Wikipedia から）

3. ウイルスの構造と形態

　ここで見られるこのウイルスの構造を見てみよう。

　タバコモザイクウイルスは，タンパク質と核酸からできている。このタンパク質は，159個のアミノ酸からなるカプシドタンパク質が約2,000個集合し，核酸を覆い最終的には円筒状の構造物（ウイルス）となる。

　言うなれば，

$$ウイルス（タバコモザイク）＝タンパク質＋核酸$$

という式になる。

　これらの構成成分を，それぞれ見てみよう。

⑴　タンパク質

　タンパク質というのは，アミノ酸からできている。一般にタンパク質を構成するアミノ酸は20種類ある。この20種類のアミノ酸がペプチド結合，つまり互いに結合することで，一本のペプチドになり，これをタンパク質と呼ぶ。化学的な特徴としては，タンパク質は様々な形を作ることができる。その形，すなわちタンパク質の構造は，ウイルスの構造や特性に直接結び付く。またタンパク質構造は機能となり，酵素活性を有することが容易になる。そこでウイルス自身が有し，その個体に応じた独自の酵素活性をもつタンパク質が生まれる。

　つまりタンパク質を見れば，それがどんなウイルスかがわかる。これは生物全般に言えることで，ヒトにおいても同様である。

⑵　核酸

　核酸には，DNA と RNA の 2 種類がある。DNA は，アデニン，グアニン，シトシン，そしてチミンの 4 つの塩基とデオキシリボースからできている。

　DNA に記載されているのは，遺伝情報である。遺伝情報とは，本来親から

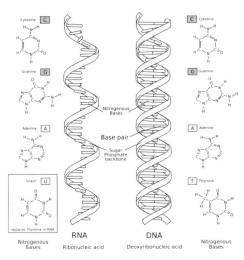

核酸（RNA と DNA）の構造（「核酸」Wikipedia から）

子に伝わる遺伝の情報のことで，カエルの子は，オタマジャクシでなく，カエル。タカの子は，トンビでなく，タカ。ヒトの子は，やっぱりヒト。とその生物によって決められている。本来この性質は遺伝子と呼ばれ，一般的な生物はDNA によってできている。つまり遺伝情報は，DNA に記載されている。

⑶　DNA は４つの文字でできている

　ではどのように記載されているか？　DNA の４つの塩基は，文字の役割を持つ。言うなれば，アデニンは A，グアニンは G，シトシンは C，そしてチミンは T といった具合だ。文字があれば，様々なことが表現できる。たった４つと思う必要はない。我々が一般的に扱うコンピュータの言語（スマートフォンも同様）は本来２進法で，０と１しかない。にもかかわらず，複雑なアプリケーションを動かすことができる。これが，A，G，C，T の４つ，すなわち４進法ならば，さらに複雑な情報の取り扱いができるのも想像に容易い。

⑷　RNA も４つの文字でできている

　RNA も同様に核酸である。RNA はアデニン，グアニン，シトシン，そして
ウラシルの４つの塩基とリボースという糖からできている。化学構造としては，
一般に DNA よりも非常に不安定な化学物質（有機高分子化合物）である。そ
の理由は，１つは糖が化学反応に富む水酸基を有するリボースであることと，
もう１つは RNA が一本鎖であるからとされる。そして情報学的な要素として
重要な点は，RNA もアデニン（A），グアニン（G），シトシン（C），そして
ウラシル（U）の４つの文字を有するということだ。T の代わりに U が使われ
ているのが文字上の違いではあるが，DNA 同様に４進法によって遺伝情報を
記載することができる。このタバコモザイクウイルスは，この RNA に遺伝情
報を有する。

　ここで明らかにしておきたいことは，核酸は遺伝情報を担う物質であるとい
うことである。

⑸　複製と変異

　加えて，遺伝情報を担う核酸の性質としては，この核酸は細胞内で複製され
るという点がある。複製というのは，自己を作る（コピーする）ことである。
このコピーの能力は，驚異的に正確である。複製において DNA を作る酵素
DNA ポリメラーゼは，ほぼ100％でコピーを作ることができる。また，例え
ばヒト複製の場合は，様々な酵素の力を借りて，10の10乗近くの正確さである
とされている。つまり遺伝情報は，親から子へ，またその子から子へと，複製
によって，とても正確に維持されている。そしてウイルスも細胞の中で複製さ
れる。しかしここで注意したいのは，ほぼ100％なのだが，完全に100％ではな
いということである。核酸は化学物質であるので，必ず変化する。その変化は
変異をもたらす。

⑹　様々なウイルス

　ここではタバコモザイクウイルスをまず例に挙げたが，ウイルスには様々な形が存在する。

　例えば，新型コロナウイルス（SARS-CoV-2）は，スパイクタンパク質という感染に必要なタンパク質を有する脂質二重膜（エンベロープ）からなる球状の構造物（約100nm の球形）を作り，その中に遺伝情報を有する RNA からなる。一方，唇やその周囲に小さな水ぶくれができるヘルペスという病気を引き起こすヘルペスウイルスも，タンパク質を有するエンベロープの中に遺伝情報を有する，こちらのウイルスは DNA を用いている。

　これらのウイルスは，先の表現を使うと

　ウイルス（SARS-CoV-2やヘルペスウイルス）＝脂質＋タンパク質＋核酸

となる。

　そこで遺伝情報を有する核酸でウイルスを分ける場合，二本鎖 DNA，一本鎖 DNA，二本鎖 RNA，一本鎖 RNA のパターンに分けられる。遺伝情報を有するということは，RNA は，先にも述べたが，基本的に化学的に不安定であり，またその RNA 複製も DNA の複製よりは正確さを伴わないため，変異を起こしやすいとされる。

　また，エンベロープを持つもの，タンパク質の殻のみのもの，というのもそのウイルスの特徴を表わす。例えば新型コロナウイルスの除去に，アルコールが有効であるということと関係する。脂質二重膜の化学構造は，アルコールに弱いので，その構造物が破壊されてしまうからだ。エンベロープを持つインフルエンザでも同様なことが言える。一方，タンパク質の殻のみの場合は，アルコールは効きにくい。タンパク質は，脂質二重膜ほど感受性は強くない。ここで言っておきたいことは，つまりウイルスには様々な種類が存在しているということである。しかし今のところ，どのようなウイルスであっても基本的には遺伝情報を担う核酸は有している。

そして，ここでウイルスに関して強調したい点が2つある。
1）次の世代にその構造と成分が伝わる。
2）常にその情報は守られているが，同時に変化している。
ということである。

4．ウイルスの検出

ここでウイルスの特徴をもう少しまとめよう。
1）とても小さい
　　フィルターを通過でき光学顕微鏡では見えないが，電子顕微鏡で観察することができる。
2）特有のタンパク質や核酸などの有機化学物質からなる
　　核酸，タンパク質，及び脂質などの基本的な有機高分子であり，それらの情報は，全て核酸に刻まれている。
　では，ウイルスはどのように検出することができるだろうか？　その種類をどう見分けるのだろうか？
　一般的にウイルスの検出方法は，4つほど考えられる。
(1)　顕微鏡による観察
(2)　PCRによる検出
(3)　抗体抗原による検出
(4)　感染細胞による検出

(1)　顕微鏡による観察

　顕微鏡による検出は，最も直接的であると言える。しかし，先に述べたように光学顕微鏡という一般的な顕微鏡ではこのウイルスは検出できない。とても小さいからである。したがってその小さいものをさらに見ることができる顕微鏡，すなわち電子顕微鏡というものが必要になる。この顕微鏡は，可視光の波長よりさらに細かい波形である電子を用いることによって，その形を検出する。

ただこの方法は一般的ではない。直接観察できるが，わずかな領域の中に多くのウイルスが必要になり，またその小さな物体を観察するために電子顕微鏡を扱う技術が必要となる。

(2)　PCR による検出

　PCR による検出は，最も簡単なものであり，最も一般的に使われる。それは新型コロナウイルスの検出方法に使われていることからも理解されやすい。PCR は，ポリメラーゼチェーン反応と言われるもので，指数関数的に目的物（DNA）を増加し，DNA を検出できる方法である。先ほどの顕微鏡とは発想が異なる。顕微鏡は小さいものを，映像を大きくして検出する一方，PCR は見えないものを増加することで検出できる。したがって，ごく微量なものも検出できるという点で非常に優れている。ウイルスのゲノムが RNA の場合は，さらに逆転写酵素が必要になり，逆転写反応（RT）によって RNA を DNA に変換し，目的の DNA を検出する。新型コロナウイルスは，RNA をゲノムとしているので，正確にはこの逆転写反応を介した PCR，RT-PCR 法によって検出されている。

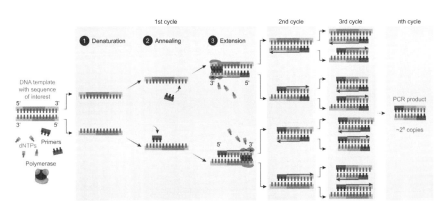

PCR の仕組み：DNA ポリメラーゼを用いて，ウイルスの一部を増幅する。
（「ポリメラーゼ連鎖反応」Wikipedia から）

⑶ 抗体抗原による検出

　抗体抗原による検出は，ウイルスに特異的に結合できるタンパク質（抗体）を用いてウイルスの存在を見つける。この抗体と呼ばれるものは本来，免疫において重要な働きをするタンパク質であり，自己と非自己を見極める。例えば，我々の体の中で作られる抗体は，自分でない（自分の体に存在しない）物質（抗原）を認識し，結合する。この結合によって，抗原を取り除く。つまり外からやってきた病原性の細菌やウイルスを認識し，取り除くので，病気の疫を免れる（免疫）ことができるのである。新型コロナウイルスの場合，そのウイルスの構成成分であるタンパク質を，ウイルスに特異的な抗体を用いて検出する。これが抗原検査キットである。

⑷ 感染細胞による検出

　感染細胞による検出は，最も歴史が長い方法と言える。また，一番確実かもしれない。単離したウイルスを細胞に感染させることで，その細胞死を観察し，ウイルスの存在及び障害を確認する方法となる。ウイルス発見の経緯を思い出してほしい。フィルターで分けた小さな物質を感染させることによって，ウイルスの存在を確認している。したがって，この検出方法は最も古典的ではあるが，最も本質的な検出方法でもある。また，さらに高次な解析としては，実験動物などに感染させることでその症状を比較し，病原体としてのウイルスを特定する。

　以上の方法は，ウイルスの存在を見出すためにあるが，それがどのような病状を生み出すのかという点においては正確に見出すことができない。ただ敢えて言うと，一般的には病気の原因としてウイルスが見出され，最終的な決定はその遺伝情報を調べるというのが重要になる。遺伝情報を調べる方法は，塩基配列決定法（シークエンス）という。遺伝情報は，ウイルスに書かれたその性質をそのまま表すことになる。つまり遺伝情報が究極の識別情報となっている。

5．ウイルスのライフサイクル

　DNA の二重螺旋構造モデルを発表したフランシス・クリックは，1958年にセントラルドグマ（中心教義）というアイデアを発表する。このアイデアは分子生物学の根幹を示しており，「遺伝情報は，DNA から RNA へ，RNA からタンパク質へと一方向に流れる」ことを意味している。現在は，少しの変更はあるものの基本的な骨格は維持されている。

　　　　セントラルドグマ
　　　　　　DNA　→　RNA　→　タンパク質
　　　　　　　　転写　　　　翻訳

　この流れは，基本的にウイルスにおいても同じ機構で，同じ機能で伝わっていく。なぜならば，宿主となる細胞がセントラルドグマを用いて自らを複製し，情報を転写し，翻訳によってタンパク質を合成しているので，当然寄生しているウイルスもその流れに沿うことになる。ただ一部のウイルスでは，このセントラルドグマにおける遺伝情報の DNA から RNA への流れ（転写）は，逆に進むものもある。つまり，転写の逆，逆転写を行い，RNA から DNA へという遺伝情報の流れも存在する。したがって，

　　　　セントラルドグマ
　　　　　　DNA　⇄　RNA　→　タンパク質
　　　　　（逆）転写　　　　翻訳

という情報の流れもある。

　ウイルスは，細胞に寄生する。寄生することで自分自身を複製する。その中で細胞を死に至らしめることになり，ヒトにおいては病状となって現れる。
　ウイルスは，先に述べたように，タンパク質や核酸などからなる生体高分子

から構成されているので，同じ生体高分子で作られる細胞に依存し，生殖と代謝プロセスを間借りする。ウイルスのライフサイクルは，実際のところウイルスの種類によって異なるが，基本的なプロセスは同じである。ウイルスのライフサイクルは，①接着，②侵入，③脱外被，④複製，⑤成熟および放出というステップに分けられる。

①接着：ウイルスは，まず初めに細胞表面の受容体に結合する必要がある。例えば，新型コロナウイルスでは，表面に突き出しているタンパク質（スパイクタンパク質）が，細胞表面にある受容体に結合することからこのライフサイクルは始まり，認識して結合する受容体はウイルスにより異なる。つまりそれぞれのウイルスが細胞の表面の様々な構造物に結合することになる。新型コロナウイルスでは，ヒト細胞のアンジオテンシン変換酵素というタンパク質がこれにあたる。スパイクタンパク質の変異が今知られるコロナの変異株，アルファ株，デルタ株，オミクロン株などと呼ばれる。つまり結合様式が変化することで接着に変化が生じ，当然宿主側すなわちヒトの病態も変化する。また，多くの場合，コロナに対する治療薬のターゲットとなるのも，このスパイクタンパク質である。

②侵入：ウイルスのタンパク質が細胞の受容体と結合した後，ウイルスの表面のエンベロープとヒト細胞の細胞膜との融合がはじまる。基本的に，エンベロープは，細胞膜と同じ化学構造（脂質二重膜）をしている。従って，同質の物として，ウイルスは容易に細胞内に侵入することになる。

③脱外被：感染可能なウイルスが分解される。分解されたウイルスからゲノムDNA もしくは RNA が宿主細胞の中に放出されることになる。この細胞の中には細胞が本来持っている様々な酵素が存在している。この酵素は，ウイルスゲノムを作るために必要になるタンパク質となる。つまりウイルスは持っていないが，寄生する細胞がこれらの酵素を持っているので，ウイルスは寄生する

ことになる。

④複製：このプロセスは，ウイルスのゲノムから様々な核酸，タンパク質など
のウイルス粒子の材料となる部品を作り出すことをいう。ウイルスゲノムが
DNA の場合と RNA の場合で異なるが，そのゲノムは，複製という働き（コ
ピー）によって，それぞれの核酸を作り，さらにそのゲノムが有する遺伝情報
に従ってタンパク質，つまりウイルスのパーツがそれぞれ作られる。

⑤成熟および放出：作られたウイルスのパーツ（遺伝情報とその殻また膜）は，
感染可能なウイルスとして細胞内で組み立てられる。この成熟ステップの後，
ウイルスは出芽または溶解のいずれかにより宿主細胞から放出される。
　上記の過程を経て，細胞内でウイルスの数を数百倍にも増幅させ，細胞外へ
放出する。放出したウイルスは，また周辺の未感染の細胞に接着して感染を繰
り返していく。

　特徴と言えることは，必ず細胞に寄生しなければ増殖することができないと
いう点が挙げられるだろう。他の生物，他の細胞がなければ増殖できない。こ
れがウイルスである。
　そしてウイルスには明らかにライフサイクルというものが存在する。

6. 生物の定義

　ここまではウイルスとは何かを考えるために，ウイルスの発見から，その構
造と形態，検出方法，そのライフサイクルを見てきた。
　では改めて生命とは何だろうか。実はこれはとても難しい問題である。
　少し周りから考えてみたい。

⑴　生物とは何だろうか？

　おそらく多くの理解としては，生物というものは，生命をもつものと理解されていると思われる。我々ヒトという生物は，生命をもつものを実は直感的に感じている。

　そこでここでは，まず実体として捉えやすい生物を考え，のちに生命を考えていく（実はこの定義を構築することは思ったよりも難しい。そしていまだに多くの議論がなされている。）。

⑵　あらゆる生物は細胞からなる

　生物を考える時に，細胞というものを考えないで進むことはできない。

　最初に顕微鏡が発明され，細胞（Cell：小さな部屋）という言葉を生み出したのは，イギリスの科学者ロバート・フックである。

　このフックは，バネの長さと重さが比例するといったフックの法則でもよく知られている。彼は，コルクの弾性を調べるため，自作で顕微鏡を作り，そのコルクの細胞を見たとされる（正確には，植物の細胞壁ということになるけれども…）。

　これが1665年代とされる。

　その後，この細胞は様々な形で研究される。

　ドイツの植物学者シュライデンは，一連の研究成果から，「すべての植物は，細胞からできている」という説を提唱する（1838年）。

　また同じドイツの動物学者シュワンは，シュライデンの説を拡張し，「すべての動物は，細胞からできている」という説を提唱する（1839年）。

　これらの完成形として，フィルヒョウは「すべての細胞は細胞から生じる」という説を加え，あらゆる生物は細胞から成り立っているとする細胞説が完成している（1858年）。

　この細胞説は，様々な形で表現されているので，ここでは岩波生物学事典の記載を確認すると以下のようになる。

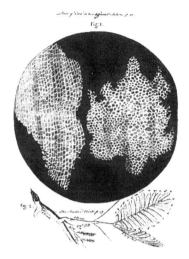

細胞（Cell：小さな部屋）ロバート・フックのスケッチ（「細胞」Wikipediaから）

'細胞はすべての生物の構造および機能の単位であり，いわば生物体制の一次的要素である'

　一次的要素となるのは，細胞だけで生物と言える単細胞の生物も存在する一方で，我々ヒトのように，37兆個もの細胞からなる生物もいるからであり，そのヒトにとって細胞はヒトの構造単位かつ機能単位と言えるからである。

　しかし，ここではもっとシンプルに考えてみよう。
　「あらゆる生物は細胞からなる」というアイデアである。
　細胞があるからといって，それは生物そのものとは言えない。しかしながら，このアイデアに基づくと，生物というものは，すべて細胞であることがわかる。

　細胞は，とてもシンプルに記載すると，遺伝情報を担うのはDNA，RNAではない。細胞において遺伝情報を担うのはDNAのみである。それとその情報を伝えるのは，RNAである。そして細胞の構造のほとんどを担うタンパク

質（酵素など）とで構成される。ここに加えて，実際にはさらに細かく細胞小器官という構造物が細胞内にあるものもあり，細胞の内部と外部を分ける細胞膜というものが存在する。細胞小器官というのは，実際にこれ自身も膜やタンパク質や核酸で作られている，様々な機能を持つ構造物になる。有名なところでは，ミトコンドリアは，膜によって形作られ，その中にはタンパク質及び核酸が含まれ，細胞のエネルギーを作る工場として知られている。また細胞膜も先ほどのウイルスが持つ脂質二重膜よりさらに高性能の膜で，物質の選択を行い，自らの機能で細胞の内部と外部を分ける。ただし，一般的な細菌と呼ばれるものは，明確な細胞小器官がないが，細胞質基質（酵素，アミノ酸，糖など）で細胞膜内に満たされている。

　つまり最低限の細胞の条件を考えると

$$細胞＝細胞質基質＋細胞膜＋タンパク質＋核酸$$

という構成になる。

　ここで重要な点は，フィルヒョウの言葉，「すべての細胞は細胞から生じる」というものになるかもしれない。
　細胞は，細胞から生じる。他からは生じ得ない。細胞は，自立した形で，エネルギーを生産し，自己と外界を分け，遺伝情報を維持し，時に改変し，自らを増殖させる。

　また，改めてここでは敢えてウィキペディアを用いてみたい。
　生物という言葉を調べると以下のようになる。少し長くなるがそのまま引用しよう。

生物とは，「生命現象を示すもの」というのが一応の定義であるが，これ以外の定義も存在し，統一は困難であるとされる。
生物が持ち，無生物が持たない能力や特徴としては「自己増殖能力」「エネル

ギー変換能力」「自己と外界との明確な隔離」が挙げられ，これに「進化する
能力」を加えることも多い。また，生物は外界とのやりとりを絶やすことのな
い開放系を取りながら，「恒常性（ホメオスタシス）」を維持する能力を持ち，
常に変化する。

　これは，生物の定義であるが，これはそのまま細胞の定義にも繋がる。
　つまり，生物は細胞からなるのであるから，それは機能的には当然なのかも
しれない。
　ここでウイルスの話をしよう。
　先に述べたようにウイルスは，核酸とタンパク質（膜も含めて）からなる細
胞とは大きく異なる構造体である。
　細胞説によれば，全ての生き物は，細胞からできている。
　そう考えると，

ウイルスは，細胞ではない

となれば，生物ではないことになり，

ウイルスは，生物ではない

ということになる。これはおそらく一般的な概念と一致している。

7．生命の定義

　では，生命とは何か？
　生物が，生命を持っているものと考えると，生命は生物の基本的な本質と考
えることができるかもしれない。実際にこれまで提案された生命の定義は，い
くつか存在する。しかし，いずれにせよ。非常に難しい問題であることは間違
いない。

　これまで錚々たる科学者たちが，生命とは何か？　という疑問に答えを出そうとしている。そして，What is Life?　つまり生命とは何か？　という本をそれぞれの観点から書いている。

　いくつかの書籍をあげてみよう。
- *What is Life?*（物理的に見た生細胞）エルヴィン・シュレーディンガー（物理学者）
- *What is Life?*（人間とは何か？）J・B・S・ホールデン（生物学者）
- *What is Life?*（生命とは何か？）ポールナース（生物学者）

　ここは少しズルをさせていただき，最近ポールナース氏が書かれた書籍「What is life?」からの引用を用いたい。

シュレーディンガーは，遺伝的形質と情報，並びに「負のエントロピー」にて生命を説明しようとした。ホールデンは，同じく書籍「What is life?」を執筆し，「私はこの問題に答えるつもりはない」と述べた。ハーマンマラー（遺伝学者：1946年ノーベル賞学者）は，一言で「進化する能力を有するもの」と定義した。（筆者の要約）

　では肝心のポールナース氏は何と定義したか？
　以下の３つの点で表している。

１，自然淘汰を通じて進化する能力を持つもの。
２，「境界」を持つ，物理的な存在であるもの。
３，化学的，物理的，情報的な機械であるもの。
（筆者の要約）

　そこでポールナースが示唆したこの基準に則り，ウイルスを考えてみる。
　ウイルスはその変異をもって進化する能力を持ち，物理的な境界を有し，核

酸などで構築された機械と言える。

　この意味で言うと，ウイルスは明らかに生命ということになる。実際に，ポールナースは，ウイルスを生命として記載している。多くの科学者は，おそらく細胞の機能すなわち先ほど述べた。「自己増殖能力」「エネルギー変換能力」「自己と外界との明確な隔離」「進化する能力」「恒常性（ホメオスタシス）」を持つものを生物の定義として考えている。

　この定義に合わせると，例えばエネルギー変換能力や恒常性というものをウイルスは持たない。つまり細胞ではない。そのような機能を持たないので，細胞に寄生して，細胞の機能を借りて，ウイルス自らを増殖させる。つまり常に他のものに頼らないと生きていけないものは，生物ではないと考えている。おそらくこれが最も「ウイルスは生物ではない」というシンプルな答えになるだろう。

　しかし，別の意見として，ヒトを含めた生物も基本的にはそれ自らで生きているわけではない，ヒトは他の生物を食し生きている生き物を食べなければ，生ききることはできない。ウイルスもヒトも基本的には，他の生物に頼らなければ生きていけない。従って，ウイルスは細胞ではないけれども生物であると考えることもできる。

　ここで，少し昔の伝統（細胞説）と多くの What is life? : 生命とは何か？に1つの提案を加えたい。

　数学の集合を覚えておられるだろうか？
ウイルスの要素は，ウイルス $\{$核酸，タンパク質，膜$\}$
細胞の要素は，細胞 $\{$核酸，タンパク質，細胞膜，細胞質基質$\}$
となる。したがって，ウイルスは細胞の部分集合となり，

$$ウイルス \subset 細胞$$

と表せる。

　以下のイメージ図を見ていただきたい。

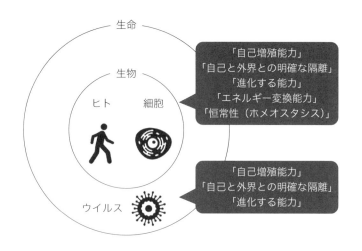

　ウイルスは，生物ではないが，生命である。

　生命は，生物の根幹である。その要素はウイルスにもある。
　つまりウイルスには「自己増殖能力」，「自己と外界との明確な隔離」，「進化する能力」が存在する。
　生物は，ここに「エネルギー変換能力」「恒常性（ホメオスタシス）」が加わる。これが細胞となる。このように考えると

　　　　　ウイルスは，生物ではないが，生命となる

8. まとめ

　結論から言えば，ウイルスは生命である。

　先に述べたホールデンは，それに生命があるかどうかは見ればわかると言った。感覚的には，これは正しいように思われる。

　例えば，無意識にウイルスを多くの人は菌として誤解している。

　生物学的観点に立てば，ウイルス＝菌は，間違いではあるけれども，意識的には生命とはイメージしているということがわかる。

　また，興味深いことに DNA は化学物質として作成できる。またタンパク質も細胞（生物）を通してではあるが，人工的に作成できる。

　これにより例えば人工的なウイルスは作ることができるだろう。しかしながら完全に要素だけを取ってきて，人工的な細胞は作成することはできない。フィルヒョウは「すべての細胞は細胞から生じる」と述べたが，これは今のところ正しい（近年発表された人工細胞というものも存在するが，実際の細胞に遺伝子を加えたもので，確かに素晴らしい研究ではあるが，これも現存する細胞から作成されたもので，細胞から細胞が作られるという点で，やはりフィルヒョウの説は正しいと言える。）。

　ここには大きな差があるように思える。それは生命と生物に存在する大きな壁だろう。さらに生物，多くの人が考えるヒトは，生命があり生物ではあるが，生きていると感じることは本能的に大きく違うのではないだろうか？

│　参考文献　│

Alberts, B., Johnson, A., Lewis, J., Morgan, D., Raff, M., Roberts, K. & Walter, P., *Molecular Biology of the Cell*, 2017.（中村桂子・松原謙一監訳，青山聖子，斉藤英裕，滋賀陽子，田口マミ子，滝田郁子，中塚公子，羽田裕子，船田晶子，宮下悦子訳（2017）『細胞の分子生物学（第 6 版）』ニュートンプレス。）
厳佐庸，倉谷滋，斎藤成也，塚谷裕一（2013）『生物学辞典（第 5 版）』岩波書店。
Nurse, P. WHAT IS LIFE? 2020.（竹内薫訳（2021）『WHAT IS LIFE?（ホワット・イズ・ライフ？）生命とは何か』ダイヤモンド社。）

第8章　文学における貨幣と伝染病

1. はじめに

(1) 病気のメタファーとしての貨幣

　文学においては，その表現技法としてあるものを他のものに例えるメタファーが用いられる。伝染病は次々と感染し瞬く間に広まる性質を持っているが，それは流行のメタファーとなりえるであろう。新型コロナウイルス感染拡大のなかで，多くの感染症文学が見直されることがあったが，そのときの伝染病は社会不安などのメタファーであることも多い。伝染病をテーマにした小説の多くで，舞台は都市に設定されている。人口が稠密な都市は，伝染病の感染スピードも速く，ストーリーのスピーディな展開が期待できるからである。

　都市は古くから貨幣経済が発展した場所でもある。貨幣を集めて止まない守銭奴は，一種の精神的な病とみなすことも可能であろう。守銭奴の病そのものは伝染するとは言えないが，多かれ少なかれ貨幣に大きな価値を置き，それを増やそうという現代人はある種の貨幣病に感染しているとみなすことができるのではないだろうか。

(2) 貨幣の蓄積と感染の数理モデル

　伝染病の感染拡大を数理モデルで表現することも行われてきた。その数式表現が貨幣経済の成長を思わせるのは，伝染病も貨幣経済も共に急激な拡大を本質としているからであろう。実際，数値が急激に伸びる指数モデルは先ず経済

学で採用され，それが20世紀になってから伝染病研究に使われるようになった。

　時間と共に経済が拡大することと，その拡大スピードの予想を超えた大きさについては，利息にも利息が付く複利の力として驚きと共に語られてきた。経済学者ジョン・メイナード・ケインズもまた，そうした複利の力を主題とする一文を残している。本章の最後では，そのケインズによる示唆的な文章を詳細に見るであろう。

　本章では，まず，二つの近代小説を用いて，貨幣と病気が文学作品のなかでどのように扱われてきたかを考える。次に，伝染病の感染モデルを確認して，貨幣経済モデルとの類似性に言及する。最後に，ケインズの文章を頼りに，拡大を本質とする経済の未来について考察しよう。

2．貨幣と伝染病：小説『サイラス・マーナー』から

⑴　貨幣に取り憑かれる病

　小説『サイラス・マーナー』は，一人の守銭奴が人間の愛に目覚めて立ち直っていく物語である。主人公のサイラス・マーナーは，信じていた友人に裏切られた上に婚約者まで奪われ，農村に引き籠って世捨て人のような生活を送っていた。人間も世の中も信じられなくなり，神すら呪うに至ったサイラスは，黄金を集め，その輝きだけに癒されるようになってしまう。病的な状態に追い込まれたのである。しかし，その黄金も盗まれて，あらゆる希望を失ったサイラスは生ける屍となる。そんなある日，たまたま幼児を拾い，その子を娘として育てるなかで人間らしい感情を取り戻していくのであった（エリオット（1861）翻訳，p.353）。

　守銭奴が一種の精神的な病であることは，小説の描写を読むことで私たちにも実感できる。サイラスの欲望は彼の金貨が増えていくことだけに向けられていくのであった。

マーナーは，十枚の貨幣の山が早く十倍になり，それがまた何千倍にもなることを望んだ。一ギニー――ギニーとふえていくことが，もうそれだけで満足であったが，さらにまた新しい欲望を生むのであった。彼にとっては希望のない謎とも思われたこの世の中で，もし彼が，もっと弱い性格の持ち主であったなら，彼はただすわって，ひたすら織機を織りつづけたことだったろう。一織物の模様のできあがるのや，布を織り上げてしまうだけのことで，直接覚える感覚以外は，すべてそういった不可解な謎のことなど，忘れ去ったことであったろう。しかし金というものができてから，彼の織機を織る仕事にも区切りができ，しかも金はただふえてゆくばかりでなく，ちゃんと自分の手もとにのこっていた。彼は自分の織機と同じように，金の方でも彼をよく覚えていてくれるような気がした。今では知己とさえなったそれらの貨幣を，彼の見も知らない他の貨幣とは，どんなことがあっても交換しようとはしなかった。(同上，pp.36-37)

　マーナーにとって貨幣だけが唯一の友である。彼は毎晩，貨幣と対話し，貨幣に癒されている。貨幣なくして，彼は自分の生活を続けることはもはやできないのであった。

⑵　19世紀初頭の経済と貨幣

　小説の扱う19世紀初頭は，産業革命前は農村での家内制手工業に頼っていた紡績や織物が工業化されていく時代であった。そのような近代貨幣経済の勃興期に，主人公マーナーは生き，働いている。急激にお金を稼いで裕福になる成金のような人も現れた時代に，マーナーのように金を貯めることに躍起となる者は急増したに違いない。先ほど守銭奴を精神的な病と書いたが，そういう意味ではそれは文字通り社会的な病なのである。そして，その病は伝染病のように多くの人間に感染していったのだ。

彼はギニー金貨がいちばん好きであった。といって銀貨を両替してこようとも

思わなかった。―クラウン銀貨も半クラウン銀貨も，いずれも自分で働いて得たものである。彼はそれらをすべて愛していた。彼はそれらを，山なりに積みあげ，その中に自分の手をうずめる。次に一枚一枚数え，きちんとそろえていくつにも積みあげ，そのまるっこい周囲を親指と他の指とで触ってみながら，まだ織機にかかっているけれども，もう半分は自分のものとなったも同様な金貨のことを，まるでそれが，これから生まれてくる子どもででもあるかのように，楽しい空想にふけるのであった。―これから先，毎年，彼の生きているかぎり，徐々にはいってくるはずの金貨のことを考えてみるのであった。(同上，pp.40-41)

　マーナーは文字通り病気なわけではなく，だから，働きに出れば仕事を全うしている。きちんと労働し定期的な所得を得ているのである。その労働の結果として，金を手に入れて手元の金が増えていることに，精神的な満足を感じているのである。これは現代人にも共通していることではないだろうか。マーナーの病は，時を超えて広く全ての現代人に感染しているのである。

⑶　作者ジョージ・エリオットについて

　作者のジョージ・エリオットは，そのファーストネームに反して実は女性である。本名はメアリー・アン・エヴァンズという。
　彼女は出身地の地元の知識人と交流して教養を身に着けたのち，文筆で身を立てるべく32歳でロンドンに出た。ロンドンで彼女は，社会進化論で有名なハーバート・スペンサーと交流し，彼を介して哲学者ジョージ・ヘンリー・ルイスと知り合う。ルイスは妻と別れてメアリーと結婚し，メアリーは夫の勧めで小説を執筆して出版した。そのときにペンネームとして借りたのが，夫のファーストネームであるジョージだったわけである。(同上，pp.348-350)
　彼女はマーナーという一つの病める魂が，人間らしい愛によって救済されていく物語を描いた。だが，全ての文学がそうであるように，彼女も気が付かないうちに時代というものを描写し，それを記録に残している。彼女によって，

産業革命期から現代まで繋がる守銭奴の病が見事に描かれたわけだ。

　今，振り返る人もない，スペンサーの社会進化論であるが，当時のヨーロッパ，そして，明治時代の日本では一世を風靡する人気を博した。人間社会における適者生存と競争の重要性を説くその思想は，考えてみれば貨幣経済が世の中に蔓延したことの一つの証左であったと言えるであろう。

3．都市と伝染病：小説『ヴェニスに死す』から

(1)　トーマス・マンの名高い小説

　トーマス・マンの『ヴェニスに死す』は，コレラに襲われた都市ヴェニスを舞台にした小説である。初老の小説家である主人公アッシェンバッハは，訪れたヴェニスで美しい少年タッジオに出会い，彼を深く愛するようになる。有名なこの作品は，同性愛を描いているのだ。ヴェニスという閉ざされた都市空間と，コレラの蔓延するその都市のなかを彷徨うアッシェンバッハの姿は，あたかも彼の危うい精神のバランスを象徴しているかのようである。

　現代の感染症小説の多くで，ペストやコレラが取り上げられた。ペストは黒死病と呼ばれ，中世ヨーロッパでは人口を半減させるような大流行を何度も繰り返している。コレラは明治時代の日本においても繰り返し流行し，多くの地域で人々が病死した。伝染病と人間社会には，悲しいことではあるが切っても切れない結びつきがある。

(2)　コレラの蔓延するヴェニス

　コレラに襲われたヴェニスは，都市の機能が麻痺して非常事態に陥っていく。伝染病の蔓延は，それまで都市を覆っていた貨幣経済に成り代わって都市を支配していくのである。新型コロナウイルス感染がそうであったように，伝染病によって貨幣経済は麻痺する。

新しい波止場と墓地のある島，サン・ミケレとのあいだには，おそるべき頻繁
な交通がいとなまれた。しかし一般的損害への恐怖，公園に開かれたばかりの
絵画展覧会へのおもわく，恐慌とボイコットの場合に，ホテルだの商店だの，
雑多な旅客営業全体をおびやかす大きな損失へのおもわくのほうが，この都で
は，真理愛よりも，そして国際協定の尊重よりも，さらに力強く示された。そ
れは官憲を動かして，沈黙と否認の政策をねばりづよく維持させたのである。
（中略）そして上位者たちの腐敗は一一般の不安一跳梁する死によってこの都
市のおちいった非常事態一と相まって，下層の人たちのある道徳的荒廃をひき
起こした。つまりそれは明るみを嫌う反社会的な本能をはげますことで，これ
が不節制，厚顔無恥，増大する犯罪性となって現われてきたのである。（マン
(1913) 翻訳，p.132)

　貨幣経済を維持するために当局はコレラの蔓延を隠し，大したことはないと
言い続けるのだが，これがむしろ都市生活の秩序を内部から崩壊させていくの
である。

(3)　人の移動と伝染病の蔓延

　少年に恋い焦がれる老小説家にとって，自分を死に追いやるかもしれないコ
レラに感染することなど眼中になかった。コレラが蔓延するヴェニスの街に，
感染を厭わずに，アッシェンバッハは少年を追って彷徨い出ていく。

美しい少年の足跡を追って，アッシェンバッハはある午後，病んでいる都のご
たごたした中心地へ没入して行った。この迷宮の裏町や河や橋や小さい広場が，
あまり互いに似通っているために，彼は見当がつかなくなったうえ，方位さえ
も不確かになって，ただひとえに，慕いつつ追い求めているその姿を見失うま
いとのみ念じていた。（中略）タッジオは同伴者たちのうしろから歩いて行っ
た。狭いところに来るといつも，女家庭教師と尼僧めいた姉たちを先に行かせ
て，ひとりきりでゆっくり足を運びながら時々頭をめぐらしては，彼の求愛者

があとからついてくるのを，肩ごしに，例の妙に灰いろに曇った目の一瞥で，たしかめるのだった。タッジオは彼を見た。しかも彼のことを明かさなかった。それがわかったので有頂天になり，タッジオの目に前へ前へとおびきよせられ，阿呆を引っぱる綱で，情熱の手によって引かれながら，この恋におぼれた男は，その不穏当な希望のあとをひそかにつけて行ったが―しかし結局，その希望のすがたを奪われてしまった。（マン（1913）翻訳, pp.210-211）

　迷宮のような都市を縫うようにして人々は歩き回り，そのことが都市全体へとコレラを運んでいく。かつて，その迷宮の網の目を貨幣が流通の水路を通って満たしていたはずであるのに。

4．感染症流行の数理モデル

⑴　カーマック＝マッケンドリックのモデル

　1927年，生化学者ウィリアム・オグルビー・カーマックと軍医で疫学者であったアンダーソン・グレイ・マッケンドリックによって伝染病の感染に関する数理モデルが示された（カーマック＝マッケンドリック（1927））。
　カーマックが軍医であったことは必然である。大勢が不衛生的な環境での生活を余儀なくされる軍営において，伝染病が発生するとその被害は甚大であったからだ。彼らは伝染病蔓延の実体を数学的に把握して，それを対策に役立てようとしたのだ。
　多くの研究分野において，数値の時間的な変化を描写するときに微分方程式が使われる。方程式は中学校で勉強するように，イコールで結ばれた式である。ここでの言葉の使い方としては等式と言ってもいい。
　方程式を解くというとき，通常は学校で勉強したようにxやyなどの未知数を求めることを意味している。だが，微分方程式を解くというのはそういうことではない。そもそも，微分というかたちの数値が文字として含まれるので微

分方程式と呼ばれるのだが，微分方程式を解くというのは元の方程式を，微分を含まないかたちに直すことなのである。

その上で，解いた後の式に，初期値と呼ばれる開始時点での数値を代入すれば，時間を追ってその数値がどのようにして変化するかを確認することができる。伝染病感染についても，微分方程式を解くことで感染者数がどのように推移するかをシミュレーションできるというわけである。

⑵　微分と時間微分

では，微分とは何か。文字通り微小な増加分という意味だ。通常，ある幅のある変化は，数学でギリシャ文字の Δ（デルタ）を用いて，たとえば，Δx のように表し，日本語では差分（difference）と呼んでいる。だが，この変分，あくまでも増加したと認識できる程度の大きさがあるのである。数学では，この差分が限りなくゼロに近い状況を考え，ゼロではないがゼロと言っていいほどの微小な変化を微分（differential）と呼んでいるのだ。微分の方は変分と区別してアルファベットの d を用いて，たとえば，dx のように表す。

ある点からある点までの数値の変化率を表わすとき，**図表 8 - 1** の左のグラフのように $\Delta y/\Delta x$ とできることは言うまでもない。これが微分となると dy/dx とすることができ，意味としてはある一点におけるグラフの接線の持つ傾

図表 8 - 1 変分と微分

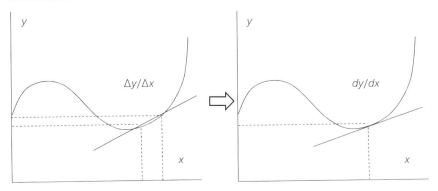

きのことである。

　微分において，最初に変化する数値が時間であるとき，これを時間微分と呼ぶ。前章まででもそうであったように，時間は t で表すことになっているから，表現としては dx/dt のようになり，意味は一瞬先に値 x がどれだけ増えるか減るかという時間変化率のことになる。

(3)　伝染病感染の基本モデル

　人口のうち，未感染者（susceptible）数を S，感染者（infected）数を I，感染からの回復者（recovered）数を R で表すと，3本の微分方程式(1)，(2)，(3)が成り立つ。これが具体的な微分方程式のかたちである。イコールの左側が微分のかたちで表現されているが，分母が dt の時間微分であることを確認してほしい。

　また，いちいち書かなくてもよいのであるが，S，I，R は全て時間によって変化する数値であることを表わすために，括弧のなかに t を添えてある。

$$\frac{dS(t)}{dt} = -\beta S(t)I(t) \tag{1}$$

$$\frac{dI(t)}{dt} = \beta S(t)I(t) - \gamma I(t) \tag{2}$$

$$\frac{dR(t)}{dt} = \gamma I(t) \tag{3}$$

　一つ一つの式の意味するところを順番に見ていこう。

　まず，いちばん簡単な式(3)であるが，単位時間当たりの回復率を γ として，そのときの感染者数に γ を掛けた数だけ，一瞬一瞬に回復者が増えていくことを意味している。感染者数が多ければ，それに比例して回復者数も多くなるという理屈である。

　次に，式(1)は一瞬一瞬に感染によって，いくらずつ未感染者が減っていくかを示す。だから，β は単位時間当たりの感染率である。このとき，感染の勢いというものも考慮しなければならない。伝染病の感染力は，その時点での感染

者数が多いほどそれに比例して大きくなると考えられるから，β に I を掛けた値で表現できる。それが βI で，全体として単位時間当たりの感染の勢いを表わす。そして，新たに感染する人数は，その時点での未感染者数が多いほど多いから，この値に S を掛けて比例することを表現しているのである。

　説明した式(1)と式(2)を使えば，簡単に求められるのが式(2)である。つまり，新規感染者がどれだけ増えるかという値から回復者の増加分を引いたものが，一瞬一瞬における感染者数の増加ということである。

(4)　感染症の再生産数

　式(2)は I を括弧の外に括りだすことで式(4)となる。

$$\frac{dI(t)}{dt} = [\beta S(t) - \gamma] I(t) \tag{4}$$

　式(4)から $\beta S > \gamma$ のときに，感染者が増加することがわかる。括弧のなかがプラスになるからだ。この条件は変形すると $\beta S / \gamma > 1$ である。感染が始まったときは全人口が未感染者だから，そのときの全人口 S を 1 とした β / γ，つまり，回復率に対する感染率の比率を基本再生産数という。

　この式の分母には γ が現れている。γ の逆数は感染してから回復するまでの平均時間を表わす。たとえば，一瞬一瞬の回復率が0.2であれば，ある一瞬に5人に一人が回復する。ということは，いったん伝染病に感染すると，平均5期間感染状態にあることになるからである。だから，一人の人の感染状況にある期間$1/\gamma$ に感染率 β を掛けると，一人の感染者がどれだけの二次感染者を生み出すかの値になるわけである。結果として，基本再生産数が 1 を超えている場合は大規模な流行が起こりうることになり，1 を下回っている場合は感染が自然に消滅するということが言える。

　新型コロナウイルス感染症の場合，感染者によって基本再生産数のばらつきが大きいことが話題になった。追跡調査をした結果，ほとんどの感染者は二次感染者を生み出していないが，一部の感染者がスーパー・スプレッダーとなって感染を拡大させていたことがわかったのである。なお，三密回避など，対策

を行った後の実際の再生産数を実効再生産数と呼ぶ。

⑸　伝染病感染の拡張モデル

伝染病に感染してからも，その感染者が他人に病気を感染させない，一定の待機時間があることが知られている。この待機時間にある感染者（exposed）数を E とすると，基本モデルは式⑸，⑹，⑺，⑻で表される拡張モデルとなる。

$$\frac{dS(t)}{dt} = -\beta S(t) I(t) \tag{5}$$

$$\frac{dE(t)}{dt} = \beta S(t) I(t) - \varepsilon E(t) \tag{6}$$

$$\frac{dI(t)}{dt} = \varepsilon E(t) - \gamma I(t) \tag{7}$$

$$\frac{dR(t)}{dt} = \gamma I(t) \tag{8}$$

式⑸は式⑴と，式⑻は式⑶と全く同じである。式⑹と式⑺の ε は一瞬一瞬に待機時間にある状態から他人に感染させるようになる率であり，平均待ち時間の逆数に等しい。これは，基本モデルで回復率の逆数が，その人が感染状態にある平均期間になるという関係を，逆に見たものと考えればよい。感染した後でもたとえば5期間は待機時間にあるとする。ということは，毎瞬間，5人に一人が待機時間から人に感染させうる感染者になることを意味する。だから，ε は0.2となるわけである。

式⑹が示すのは，待ち時間にある感染者の一瞬一瞬の増加は，新規の感染者がどれだけ増えるかという数から，どれだけが待ち時間が終わって他人に病気を移す感染者になるかという数を引いたものに等しいということである。同じように，式⑺は，待ち時間の終わった感染者の増加は，新規にそうなった人数から新たに回復した人数を引いたものに等しいことを示している。

先に，微分方程式を解くというのは，式を，微分を含まないかたちに直すことだと書いた。しかし，ここで示した伝染病の感染者数に関するモデルは，本

章で解き方を解説するにはページが不足するくらいには，十分複雑である。だ
から，解くことはしない。ただ，実際に解いて感染者数の推移をシミュレーショ
ンしてみると，私たちが実際の新型コロナウイルス感染についてニュース等で
見たように，第何波といった山が現われては消えていくようになることを言っ
ておきたい。つまり，こうした感染拡大の数理モデルは，現実をよく説明する
のである。

5．複利と感染拡大

⑴　感染拡大モデルの元は人口モデル

　前節でみたような，伝染病の感染拡大モデルは元々経済学で，金額などが加
速度的に増大する現象を説明するために考えられたものであることを，本章で
は既に述べた。実際に数式を提示してはいないが，人口に関してそのような増
加モデルの発想を示したのは，古典派経済学者トマス・ロバート・マルサスで
あった。19世紀半ばまでを中心に活躍した初期の経済学者たちを古典派経済学
者と呼んでいる。

　マルサスは，人口が加速度的に増えるのに対して，食糧は比例的にしか増え
ていかないので，人類は歴史のなかで何度も食糧不足に陥ってきたと述べた。
食糧不足は，食糧を奪い合っての戦争を引き起こしたり，皆の栄養状態が悪化
して伝染病の蔓延に繋がったりする。これらによって，人口は激減してしまう。
だが，それは新たに食糧が足りる状態をもたらすので，そこから再び人口の増
加が始まるのである。

　マルサスが人口問題について示したこのような発想が，人口の微分方程式モ
デルの原点となった。マルサスの考えは非常に単純な微分方程式に写すことが
できる。

$$\frac{dN(t)}{dt} = kN(t) \tag{9}$$

式はわずか1本である。だから，この式に出てくる人口をあらわす文字 N が先ほどの感染モデルのように他の式に出てくる別の数値と関係することはない。だから，この微分方程式を解くことは，先ほどのモデルと違って比較的簡単である。

⑵　人口増加の微分方程式を解く

式⑼でマルサスは，人口増加の勢いがそのときの人口に比例して増大するとしている。まず，式⑼を式⑽のように変形する。ちなみに，イコールの両側を N で割ったうえで dt を掛けている。

$$\frac{dN(t)}{N(t)} = kdt \tag{10}$$

次に，式⑽の両辺に積分という操作を加えると式⑾が導けるのである。積分というのは微分の逆計算である。文字が表わす数値の変化を限りなく小さくしたときを考えるのが微分であったから，そうする前の元の式を求めるのが積分ということだ。

$$\log|N(t)| = kt + C \tag{11}$$

式⑽の右辺と式⑾の右辺とを，まず見比べてみてほしい。なお，式⑾の文字 C は積分定数といって，何の数字かわからないが決まった数がそこにあるとするものである。変化を考える微分では，全く変化しない決まった数は消えてしまうので元の式には何らかの数字があったかもしれないのである。

また，式⑾右辺の kt で，時間 t を限りなくゼロに近い微分にすると，もちろん kdt になる。これらのことから式⑾の右辺を微分すると式⑽の右辺になるわけだ。つまり，微分の逆計算である積分を式⑽の右辺に施せば，式⑾の右辺になることが示された。

次いで，式⑽の左辺を積分するとは，どのような式を微分すると結果が $1/x$ となるかを考えることを意味する。そんな式はあるのだろうか。実は，数学は積分のためにそのような式を探し当ててある。それは自然対数 $log|x|$ というも

のである。

⑶　自然対数のグラフ

　自然対数の式をグラフに表すと**図表8-2**のようになる。

　グラフは右上がりで，傾きは右に行くほど徐々に緩やかになる。このグラフが縦軸と交わることはなく，x がゼロに近付くと限りなく小さなマイナスの値に向かっていく。問題は緩やかになっていく傾きである。横軸が1のとき，傾きは1であるが，横軸が2や3となると傾きはそれぞれ1／2や1／3となっていくのである。

　先に，微分はグラフ上のある一点における接線の傾きを求める計算であると述べた。ということは，積分はその傾きの式から元の式を求める計算であるということである。結果，$1/x$ を積分すると $log|x|$ という式になることが示された。なお，グラフから明らかなように，この式は x がマイナスやゼロのときは成り立たないので，全ての x についての式にするために絶対値を付けて表現してある。

　また，式⑽の左辺の積分でも積分定数は登場することになるが，ここでは省略した。というのも，既に右辺の積分で C を記しておいたからである。左辺

図表8-2 〉　自然対数のグラフ

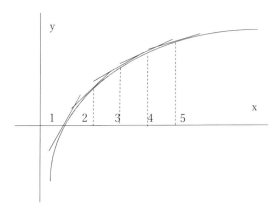

の積分定数を右辺に移項し，右辺の積分定数と合わせてそれを C で表現した
と考えればよいのである。

⑷　指数的成長と複利計算

　対数とは，ある数を何乗するとその数になるかの計算である。たとえば，
$log_3 9$ は 2 であり，$log_2 16$ は 4 である。小さく書かれた元になる数をその対数
の底と呼んでいる。自然対数の底は何であろうか。それはネピア数と呼ばれる
無限に続く半端な数である。ネピア数は，よく知られた円周率と同じく無理数
と呼ばれる種類の数値である。

　自然対数の底は文字 e で表現するが，それを使えば，式⑿がマルサスの微分
方程式の解となる。最後の変形で e^C を $N(0)$ と置き換え，最初の人口とした。

$$N(t) = e^{kt+C} = e^C \cdot e^{kt} = N(0)\,e^{kt} \tag{12}$$

　これをグラフに表せば，それは**図表8-3**のようになり，人口が加速度的に
増加していくことを示している。

　式⑿はマルサス・モデルにおいて人口が最初の状態から，複利計算で増加し
ていることを意味している。経済学者ケインズはマルサスを高く評価したが，

図表8-3〉　人口の指数的増加

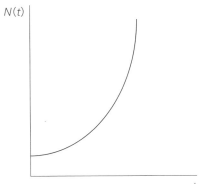

複利の驚くべき力について文章を残している。経済は人口から国家の資産まで，複利計算の法則が浸透しているのである。

女王はこれをレバント会社に投資し，同社は繁栄した。同社の利益を使って，東インド会社が設立された。この偉大な企業の利益が，その後，イギリスの対外投資の基礎になった。当初の四万ポンドが三・二五パーセントの複利で蓄積していくと，さまざまな時点でのイングランドの対外投資残高にほぼ等しくなり，現時点では前述の対外投資残高，四十億ポンドに近くなる。したがって，ドレイクが一五八〇年に持ち帰った一ポンドがいまでは，十万ポンドになっているのである。複利にはこれほどの力があるのだ。(ケインズ（1930）翻訳，p.209)

　ケインズは，ドレイクが私掠船でスペインから奪った富が複利計算によって急激に拡大して現在のイギリスの対外資産になったという観点を示している。そして，こうした複利の力は，今後も我々の経済を想像もできない大きさまで拡大して百年以内にはあらゆる経済問題を解決するだろうと書くのである。

⑸　人類は複利の力から解放されるか？

　ケインズの文章から百年後の我々は，こうしたケインズの予言が当たらなかったことを知っている。それは主に分配問題のためであるが，そのことは措いておこう。重要なのは，その段階で人類は複利の力に頼る必要がなくなるとケインズが考えていたことである。

「目的意識」とは，自分の行動について，それ自身の質や周囲に与える短期的な影響よりも，はるかな将来に生み出す結果に強い関心をもつことを意味している。「目的意識」が強い人はつねに，自分の行動が不滅のものだという偽りと見せかけを確保しようと，自分の行動に対する関心を遠い将来へと押し広げていく。大好きなのは自分の猫ではなく，その子猫である。いや，実際には子

猫ですらなく，子猫の子猫であり，そのまた子猫であるという風に，猫族が果てるまで先に延ばしていく。ジャムは今日のジャムであってはならず，明日のジャムでなければならない。こうしてジャムをいつも将来に延ばしていくことで，ジャム作りの行動を不滅のものにしようと努めるのである。(同上，pp.216-217)

　ここでケインズが描いている目的意識というのも，今では全人類に感染してしまった伝染病のようなものである。経済は今日の生活の充実のためにこそある。経済では消費生活で得られる満足感を効用という言葉で表現している。たとえば，自動車を用いれば，目的地までは早く行くことができるという役立ちを得るが，その役立ちが効用であり，また，結果として得られる満足感も効用である。役立ちを覚えるのは人間であり，それは常に心的な満足感で表現されるからだ。

　効用は常に現在の効用であるから，経済の目的とは稼いだお金で豊かな消費生活を送り，現在の満足を大きくすることのはずである。ところが，ケインズは言う。目的意識の大きな人は，現在の満足を常に先送りして，無限の将来の満足を求め続ける。だから，資産をどれだけ増やしても，彼らが満足することは永遠にない。なぜなら，効用は飽和し，その終わりが来るはずであるが，資産の最大化という欲望に上限はないからである。

　ここでケインズが言う，裕福な人々の目的意識が，いかに小説『サイラス・マーナー』の主人公の黄金への愛に似ていることか。言わば，現代人は貨幣愛の病に侵されているのである。ケインズはこの目的意識が必要なくなる時代を夢見た。しかし，我々の時代でもこの伝染病の蔓延が終息する兆しは見えないのである。

　終わりのない経済的価値の最大化への欲望は，今や病的なまでに拡大して地球そのものの存続を脅かすまでになった。果たしてケインズは，ここまでの経済拡張を想像したであろうか。だが，地球環境が破壊されてしまえば，人類の正常な意味での存続は不可能であろう。そうなったとき，裕福な人々の目的意

識はその本来の存立基盤を自らの手で打ち壊すことになるのである。

6. おわりに

(1) 産業革命以降の都市と経済の発展

　文学において，作家が意識しないうちに時代の精神を象徴する表現をしてしまうことがよくある。ジョージ・エリオットの小説『サイラス・マーナー』は黄金の快楽に取り憑かれた主人公の姿を通して，産業革命の進行する時代の人々の欲望を描いている。

　産業革命は都市を大きく発展させ，その都市においては貨幣経済が浸透していく。網の目のように稠密な都市においては貨幣を通じた流通活動が蔓延する。と同時に，伝染病の感染拡大にも脆弱な環境が生み出される。まさに，都市を基盤として人々の間を経巡るという意味で，貨幣と伝染病は酷似しているのである。

　トーマス・マンの小説『ヴェニスに死す』は，都市と伝染病の密接な関係を象徴的に表現していると読むことができる。観光都市として多くの観光客を集め，毎日多くのお金が落とされていたヴェニスは，コレラの蔓延によって様子を一変させた。貨幣に代わって，今や都市の流通網を病原体が満たしてしまったのだ。貨幣経済発展の母体となる人口稠密な都市は，同時に伝染病の感染拡大にも極めて適した条件を満たしている。

(2) 経済発展と感染拡大の類似性

　ケインズは，複利計算がもたらす想像を絶する拡大の力を印象的な文章に残している。ケインズが高く評価した古典派経済学者マルサスは，人口の増大が複利計算と同じように急激であることを示した。伝染病の感染拡大を表わす微分方程式モデルも，このような経済学を起点とする研究の系譜に連なっている。

　都市における伝染病の蔓延は，貨幣経済に壊滅的な影響をもたらす。そのこ

とが示すのは，貨幣経済を繁栄させる都市の構造が，同時に伝染病に弱い性質を有しているということである。これは都市の構造を計画的に改変していくときに，人流と密度の点で伝染病の感染防止についても十分な配慮がされなくてはならないことを，我々に教えてくれるだろう。今回の世界的な新型コロナウイルス感染症拡大が人類に与えた教訓は，大きくて深いものがあったと言わなければならない。

| 参考文献 |

Eliot, George, *Silas Marner*, William Blackwood and Sons, 1961.（土井治訳（1988）『サイラス・マーナー』岩波文庫。）

Keynes, John Maynard, 'Economic Possibilities for our Grandchildren,' 1930 in *Essays in Persuasion*, New York: Harcourt Brace, 1930.（山岡洋一訳（2010）『ケインズ説得論集』日本経済新聞出版社，pp.205-220,「孫の世代の経済的可能性」。）

Kermack, W. O. and A. G. McKendrick, 'A Contribution to the Mathematical Theory of Epidemics,' *Proceedings of the Royal Society of London, Containing Papers of Mathematical and Physical Character, Series A*, Vol. 115, No. 772, pp.700-721, 1927.

Mann, Thomas, *Der Tod in Venedig*, S. Fischer Verlag, 1913.（実吉捷郎訳（1939）『ヴェニスに死す』岩波文庫。）

第9章　電子的な通貨・仮想通貨の概要と可能性

1．この章の目的

　この章では通貨が機能する条件と仮想通貨（暗号通貨）について説明する。通常の通貨は国家権力の裏付けがあって運用されているが，仮想通貨はそうではない。にもかかわらず，仮想通貨が信用を保ち，決済手段となれるのはなぜなのかを目的として解説したい。また，決済の先にある仮想通貨ならではの可能性に触れておきたい。

2．通貨になるにはどうすれば良いのか

(1)　子供銀行券と日本銀行券は何が違うのか？

　日本では「円」という通貨単位の貨幣が使われているが，それ以外の通貨を独自に作り流通させることは可能だろうか？　その通貨単位を仮に「角」としてみよう。「角」と書かれた通貨を製造するのは不可能ではない。100円硬貨の物質的原価は4円くらいだそうだから，100角も同じくらいのコストで作れるはずだ。試しに4万円くらい注ぎ込んで1万枚くらい作ってみよう。これは100万角の額面になる。もしも「円」と対等の交換ができれば，100万「円」になるのだ。これは嬉しい。

　問題は「角」が通貨として使えるのかどうかである。まず，「角」の価値を認めてもらわねばならない。原価は4円なのだが，4円を超える価値を認めて

もらえると成功である。価値を認めてもらうにはどうしたら良いのか？

⑵　受け取ってもらえる通貨の条件

実は，原価4円のコインに100円の価値を認めさせる作戦が必要なのは「円」も同じである。円の場合，法律により強制通用力が付与されている。支払いで円を出した場合，売り手側は必ず受け取らないといけない（コインの場合20枚まで，という制限はあるが，紙幣は無限である）。これが法定通貨であるが，強制通用力があるために「円」は受け取ってもらえるし，受け取ってもらえるから価値が発生する。なお，支払いの義務を果たすことを決済と呼ぶ。法定通貨は必ず受け取る強制力があるので，額面に書かれている金額の決済に使える。

一方，「角」には強制通用力はない。ゲームの中で使える子供銀行券と同じである。政府が関与しないと通貨は作れないのか？　という難問を明らかにする必要がある。

⑶　電子的な通貨は子供銀行券と同じではないのか？

一方，暗号通貨は政府との関わりはないのだが流通している。つまり子供銀行券とは違う性質があるらしい。物体すら必要としない電子的な通貨は物質の調達すら必要ないから，原価ゼロである。流通したら大儲けではないか！　そして，実際に幾つかの電子的な通貨は決済手段となっている。どうやっているのだろうか？

3．いろいろな電子通貨

⑴　電子的な通貨とは？

今や法定通貨のほとんどは実質は銀行口座の数字である。決済の総額の9割程度は銀行口座間を流れる「データ」として処理されており，物体による決済は実は大きくない。その意味で法定通貨も電子的に管理されているのだが，電

子マネー，電子的な通貨はそもそも硬貨/紙幣が存在しない（マスコット的に作られている bitcoin の硬貨はあり，なくはないが）。法定通貨以外のお金のようなものについて整理しよう。

⑵　「お金のようなもの」には何があるか？

　一口に「お金のようなもの」と言っても，いろいろある。お金および「お金のようなもの」を**図表9-1**に示す。

　まずは通貨単位が「円」になっている3つについて説明する。クレジットカードは非常に電子マネー的だが，元々は「後払い」のために作られた制度だ。民法では商品の引き渡しとその支払いは同時に行う原則だったのが，支払いを後にする制度を作ることで，分割払いできるようにした。一方，「電子マネー」と言われることの多いプリペイドカードは前払支払手段である。元々はデパートの商品券のための制度だった。後払い，前払いという違いはあるが，これらは法定通貨の支払い方法の変更であると言える。

　それに対し，「ポイント」などと呼ばれるご褒美がつくのが「総付景品」である。商品を購入すると，一定の確率で当たるのが景品であるが，必ずもらえ

図表9-1　お金のようなものの法律上の名称と通称

法律上の名称	例	単位	通称	根拠法
法定通貨	日本円	円	おかね	通貨の単位及び貨幣の発行等に関する法律
通貨建資産：割賦販売	クレジットカード	円	借金	割賦販売法
通貨建資産：前払支払手段	商品券，プリペイドカード，Suica	円	電子マネー	資金決済法
総付景品	Tポイント	ポイント		不当景品類及び不当表示防止法
暗号資産	bitcoin	BTC	暗号通貨，仮想通貨	仮想通貨法，資金決済法

出所：筆者作成

るので総付景品という。ポイントは次回以降の購入の際に使うことができる点
で，プリペイドカードとは違う存在である。

　根拠法が違っているのは，発祥の時期の違いと，規制のされ方が違うためで
ある。例えば商品券の場合，消費者が商品券を持っているのに，発行元が倒産
してしまうなどで使えなくなるリスクがある。このため，発行できる法人の条
件，預託する保証金などの規定がある。総付景品の場合，ポイントは通貨では
ないからいくらでも発行しうるが，無責任なポイント発行ができないように規
制されている。

　問題は暗号資産である。仮想通貨と呼ばれることが多いが，法律上は通貨で
あることを認めずに暗号資産と呼称している。学術的には暗号通貨なので，以
下の説明では暗号通貨に揃えたい。暗号通貨は独自の通貨単位があり，この中
で唯一，法定通貨に従属せず，通貨として同等の機能がある。

4. 通貨の最大の機能＝決済手段

⑴　通貨の機能

　通貨が必要とされる最大の理由は，交換である。米を作る農家と漁師が物々
交換するとしたら，米，魚を持ち寄り，交換比率を交渉せねばならない。交換
の日まで漁師は魚を保存せねばならず，農家は米を貯蔵しておかねばならない。
通貨があれば，それぞれの商品の価格の支払いをすれば良い。また，通貨は腐っ
たりしないから，貯蔵の苦労はなくなるのである。また，重たい米・魚を運ば
なくて済む。

⑵　なぜ銀行は必要か？

　しかし，遠く離れた地点間で通貨による決済をする場合はどうするのだろう
か？　かつては通貨を運搬していたので，送金というわけだが，為替という方
法が出現した。2つの地点に存在する口座の間で，残高を書き換えることで決

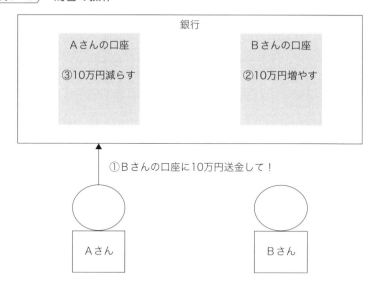

図表 9-2 　為替の操作

済する。お金を送るものの口座の残高を減らし，受け取るものの口座の残高を増やすのである（**図表 9-2**）。誰の口座を，いくら増減させるのか，という情報だけで送金ができるのである。この送金を請け負っていたのが為替商だが，現在は銀行などが行っている。

⑶　二重支払いという問題

　為替という革新技術で送金は格段に容易になった。しかし，口座の操作が同時でないと様々な詐欺が可能である。例えば受け取り側の口座の残高を増やしたあと，送る側の口座残高を減らす手順だとしよう。受け取り側の口座を 2 つ以上用意しておき，複数の口座に振り込む送金を指示するとどうなるのか？送る側の口座には残高が足りないかもしれないが，発覚する前に受け取り側口座から引き出しておけば銀行の資産を騙し取ることができる。これが二重支払いという問題である。口座の残高管理に時間差があってはならないのだ。だから，銀行の口座残高の管理は 1 箇所で集中して行われている。銀行内の送金は

図表 9 - 3 銀行における残高の管理

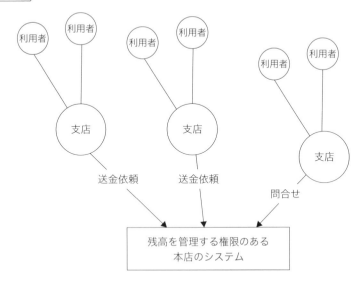

図表 9 - 4 銀行間送金の仕組み

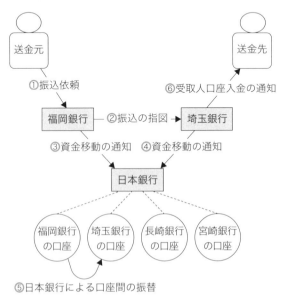

本店が残高管理を行う（**図表9‐3**）。

　銀行間送金の場合も日本銀行におかれた銀行の口座（日銀当座，という）の管理を日本銀行が行う（**図表9‐4**）。これが銀行が今でも必要な理由である。

5．暗号通貨成立までの経緯

⑴　中央集中システムの限界

　銀行による決済網はコストが非常に高い。必ず銀行本店や日本銀行などの中央に口座の操作を指図しなければならないから，電子的なネットワークは必須だし，中央に置かれる計算機が止まれば全ての業務が止まる。計算機とそこで動くプログラムには高い信頼性が求められるのだ。某銀行がたびたび障害を起こしてニュースになっているが，莫大なコストを費やしても解決しないことすらある。

　さらに，この決済システムでは銀行員が犯罪を企むと，予防できないと言って良い。最終的に送金の操作を行うのは銀行員なのだが，犯罪的操作の防止や犯罪の検出が難しい。犯罪のインセンティブを減らすため，高給を与える対策が行われていたが，これも高コストの一因である。送金コストが高いと，実用上，少額決済ができない。また，外国の銀行ネットワークの場合，バッチ処理（送金の依頼のあった時点で処理するのではなく，閉店後などにまとめて処理を行う手順）のためにリアルタイムな送金はできず，時間がかかっていた。これがクレジット決済や電子決済を必要とする理由になっていた。

⑵　中央なしで唯一の帳簿の共有が可能であるのか？　という問題

　これらの問題に対し，1980年代に中央集中が諸悪の根源であるとして，中央を無しにして分散で決済する仕組みの検討が始まった。基本的なアイデアは，口座残高の元となるデータベースを全員が共有するというものである。銀行決済では本店に置かれた唯一の計算機でデータベースを管理していたが，多数の

計算機が1つのデータベースをコピーし合い共有する。口座残高はこれまで支払い，受け取った送金データを積算することで表現し，送金データは正当性の検証を経たうえで有効とする。

　しかしながら，この素朴なアイデアは実用に達するまで20年程度を要した。銀行決済においては，全てを判断する権限のある中央の計算機が取引の正当性を検証する特権をもつが，特権を持たない対等な計算機の間でどうやって「検証」が「合意」されるのか？　という難問（ビザンチン将軍問題）の解決が必要だったためである。悪意ある計算機が検証に参加し自己利益のために虚偽の検証結果を報告する可能性があるし，正しい検証であっても検証が複数行われた場合にどの検証を採用するのか，検証後に分散した計算機が全員が同じ「唯一のデータベース」に到達するのか？　などの課題がある。中央が存在しない，ということは，誰にも正しさの決定権限がないことでもあり，採用すべき「正しい検証」も各自が判断する。しかも全員が同じ内容に同期できるか？　といった問題を産むのである。

⑶　ブレークスルー＝Proof of Work の目的

　この問題を最初に解決したのが PoW：Proof of Work というアイデアで，サトシ・ナカモト（Satoshi Nakamoto）なる謎の人物が作成した論文で示された。検証に参加する計算機（採掘者，と呼ぶ）に，10分間のすべての取引データ＋αをインプットとして，かなりの計算時間（10分程度）を要するパズルを解かせる（パズルを解く作業を Work と呼ぶ。また解いた結果の値を nonce と呼ぶ）。パズルは計算性能が高くても常勝できないように運によって当たりを引く構造になっているが，パズルを最初に解いた計算機による検証結果を採用することとする。これにより悪意ある特定少数の計算機が検証を捻じ曲げ続ける事態の確率を減らし，良識ある大多数の計算機によって検証が行われる場合がほとんどとすることができる。一種の多数決原理で「正しさ」を生み出すのである。この原理を実装したのが bitcoin であり，2010年に最初の決済が行われた。

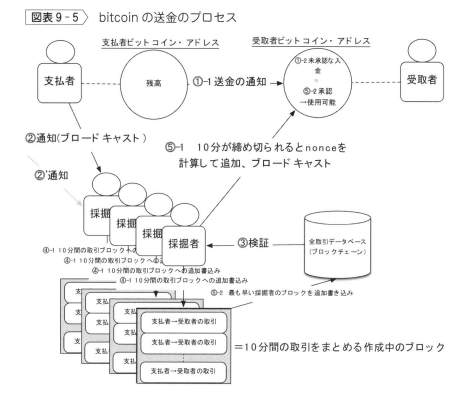

図表9-5 bitcoin の送金のプロセス

6. bitcoin はなぜ信用できるのか？

(1) 改竄を阻止するブロックチェーン

　それ以外にも，口座残高がないのに送金を指示する決済のリクエスト，データベースの過去の取引を書き換えて現在の脱法取引を正しそうに見せる工作などの課題がある。例えば口座残高が十分あるかのように偽装するために，口座に振込された偽の取引を過去のデータベースに加えるのである。

　前者は送金元の残高をチェックする単純な対策で阻止できるのだが，後者を

阻止するのがブロックチェーンである。前述したように bitcoin においては，取引データを共有する。取引データとは，誰が誰にいくら払ったかの情報の連鎖だが，これが10分おきに1つのブロックにまとめられる。ブロックを作成する際に PoW が実行され，最初にパズルの答えを解いた結果が参加者に承認される。

　実はこのブロックは，直前のブロックを関数にかけた結果の値（ハッシュ値という）を含むようにしてある（**図表9-6**）。

　過去のブロックを書き換えると，それ以降のブロックの書き換えも必要にするための仕掛けである。ハッシュ値は PoW のインプットの一つとして使われるため，PoW の再計算もしなくてはならなくなるのだ。これにより，過去であればあるほど書き換えのための計算量が大きくなる。例えば10分前のブロックを書き換えようとすると，10分前と現在の2つのブロックについての PoW を再計算しなくてはならないが，その計算には20分程度を要する。20分の間に新しい取引のブロックが2つ作られるから，改竄工作は普通に PoW をしてい

図表9-6〉　ブロックチェーンの構造

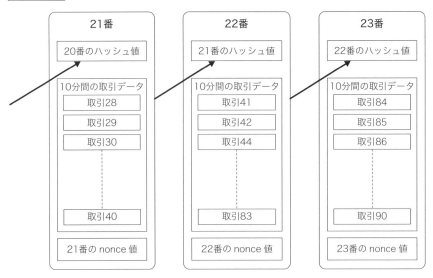

る作業に追いつけない。

　改竄で作るブロックチェーンはリアルタイムに更新されるブロックチェーンより計算量できびしく，短くなりがちなのだ。そして，短いブロックチェーンは長いブロックチェーンよりも怪しいとみなすルールにより，改竄によって作られた（短い）ブロックチェーンは捨てられてしまう。この結果，長いブロックチェーンに基づく PoW がますます多数派となり，改竄ブロックチェーンはより採用されなくなる。このルールは全員が同じデータベースに到達しやすくするためのものでもある。

　これがブロックチェーンが公開され，各自が作業的には書き換え可能であるにも関わらず，共有されているブロックチェーンは改竄できない原理である。改竄の痕跡が残らないデジタルデータであるにも関わらず中身が信用できるというこれまでにない特徴を持っている。

⑵　「信用」に基づかない信頼

　銀行による決済システムでは，信用できる銀行（全国銀行協会に登録してあると信用できる），信用できる顧客（口座を開くときに審査する）のみが参加できるようにして信頼性を保とうとする。一方，銀行だって信用できないだろう，という発想から始まったのが分散決済なのだが，bitcoin では「信用」をあてにしていないのである。

　また，bitcoin では通貨供給量はオープンソースなプログラムにより決まっている。PoW の最初の答えを出し，過半数以上の承認を得た場合に報酬がもらえるようになっているが，この金額は政治的都合，金融政策などで変動しない。そもそも bitcoin は依存できる国家を持たないが，特定国家の都合に影響されないゆえに信頼される仕組みを内蔵していると言える。

⑶　bitcoin が信頼できるわけ

　さて，冒頭の問いに戻ろう。bitcoin はなぜ子供銀行券と同じではないのか？子供銀行券は，通貨として信用されるための条件を満たすことができない。条

件とは，その通貨の価値が保たれる仕組みがあるかどうかだ。

　例えば日本銀行券は通貨の価値を守るために，偽札を発見し，その製造者を摘発する努力がされている。また，通貨供給量も管理されて通貨としての価値がなくなる事態は回避されている。bitcoin でも，ブロックチェーンの改竄による偽札の製造ができないこと，また通貨供給量は自動的に決定されており，通貨の価値が薄まらない設計になっている。国家の裏付けはないが，産出量が限られているために価値の保たれる「金」と同様の信用だといえよう。

7. 暗号通貨の本当の可能性

⑴　暗号通貨はなぜ期待されているのか

　現状では暗号通貨は投機対象として注目されることが多いのだが，本当の意義は，これまでの通貨では実現できなかった特徴にある。以下にそれを列挙しよう。
　●送金コストの劇的な低下
　●暗号通貨は Fintech の基盤
　以下では，それぞれについて述べてゆく。

⑵　送金コストの劇的な低下

　現在の銀行を中心としたお金の管理コストは非常に高い。銀行口座の残高は，信頼性強固な（という建前の）計算機で稼働しているデータベースが管理しているが，様々な意味で高コストなのだ。まず，計算機自体が高い。銀行業界はその業務内容からして早い時代に計算機導入を行い，専用線を使ったオンラインシステムも1965年には稼働を始めた。前述したように送金は，情報の送信を意味するのだ。文書での送信に比べて圧倒的なコストダウンとスピードアップになるために莫大な開発費用をかけてシステム開発した。この時代の計算機とは，もちろんパソコンではない。当時でも億円単位の汎用大型機であるが，現

在でもこれが使われ続けている。また，そこで動いているプログラムを管理・保守できる人件費もバカにならない。

　それに加えて，物体として「現金」を出し入れするATMの管理コストもバカにならない。日本全体で2兆円以上だといわれている。ATM自体のコストに加え，現金を保管する設備と警備費用などのコストもある。

　一方暗号通貨ではコストが激減する。送金に関わるハードウェアは，インターネットとパソコンとスマホ程度で事足りる。この結果，送金のコストは1,000分の1以下になる。現在の送金手数料は数百円から数千円かかることもあるから，それ以下の取引が実際上できないのだけど，超少額決済（マイクロペイメント）が可能になる。

　これにより，例えば著作権処理がリアルタイムかつ合理的にできる。映画にしてもテレビ番組にしても，そのコンテンツには多数の著作権者・著作隣接権者が関わっており，許諾を得て権利の使用料を決済するのは膨大な手間と送金手数料を必要とするが，少なくともその送金手数料が激減してアーティスト・実演家・著作権者への支払いが増え，利用時点での送金が可能となるのだ。膨大な手間についても後述するように解決する見込みがある。

⑶　銀行における暗号通貨

　暗号通貨はbitcoinなど，エンドユーザが使う以外に企業内の課題解決にも利用できる。例えばMUFG（三菱UFJフィナンシャル・グループ）は，2020年に暗号通貨によるグループ内決済通貨「coin」（構想の発表段階の名称では「MUFGコイン」）の構築と実験を終えている。将来的な目的は多岐に渡るが，以下のようなものがある（株式会社三菱UFJフィナンシャル・グループ2019）。

●コスト削減
　キャッシュレス化によるコスト削減
　ATMの削減
　P2P送金によるレガシーシステム（汎用大型機，専用回線）の削減

●目的別/グループ口座の実現

　現在の銀行口座は維持コストが高く，１人の顧客が複数の口座を持つのは容易ではないが暗号通貨であれば，目的別の口座や，グループが共有する口座など無数の展開がありえる。これは顧客にとっての大きなメリットになる。

●加盟店決済

　現在，飲食店・小売店での決済はクレジットカード（および電子マネーなど）が制覇しているが，銀行口座と直結したオンライン決済も可能となる。クレジットカードも専用回線を使っており通信コストが高いが，インターネット経由の決済が可能となれば銀行の逆襲が始まる。クレジットカードはもちろん，電子マネーにも対抗できるであろう。

●IoT 決済

　これも決済コストの激減によって可能になる。ネットワークにつながった機器を出入り口としての決済ができる。実験では自動販売機もつないでの検証が行われている。

●迅速な融資

　中国のインターネット通販大手の Alibaba の決済システムから発生した Alipay では，個人の決済履歴から信用を数値化し，融資審査に利用している。加盟店決済などで個人の消費履歴がわかれば，同様の事業が可能である。

●外部企業による新サービス創出

　MUFG の暗号通貨を使った新規サービスを外部企業が開発する場合の基盤となる。銀行はプラットフォームになるのである。

●様々な業種でのカラードコインの発行

　ブロックチェーン上で暗号資産（仮想通貨）以外の情報をやり取りする。株

式などの金融情報だけでなく登記情報や著作権などの様々な情報をブロック
チェーンに乗せて取引することで，銀行以外の業種への進出が可能である。

●Fintech 時代の生き残り

　金融は ICT との混合物になり，Fintech：Financial Technology と呼ばれる
業態になる。業として口座を管理する銀行は強みがあり，銀行の側から ICT
業界に切り込むことになるが，その基盤となる。

　以上のように企業内通貨であっても様々な可能性の萌芽となる。暗号通貨に
はさらにこの先の可能性があり，それが Fintech と呼ばれる世界である。Fin-
tech とはなんなのか？

⑷　Fintech＝ブロックチェーン＋スマートコントラクト

　暗号通貨は送金の自動化である。銀行などの組織ぬきに送金ができるわけだ
が，送金よりも大きな可能性がブロックチェーンと，ブロックチェーンによっ
て実現する Fintech である。ブロックチェーンは bitcoin 実現の手段として発
明されたが，通貨以外の資産情報を登録するのに使っても良い。例えば有価証
券・不動産の持ち主を登録し，資産を売買するプラットフォームにしても良い
のだ。前の節のカラードコインである。このことは，銀行業務にとどまらず，
あらゆる資産管理，登録業務，決済事務を包含できることを意味する。
　また，デジタルデータはコピー対策が長年の課題であった。例えば音楽デー
タは劣化なくコピーできてしまい，コピー取り締まりに過剰とも思える刑事
罰・民事賠償を課して対策としているが，音楽データとそのデータを再生する
権利の情報をブロックチェーンに登録しておけば良い。音楽データは正当な権
利を持ったユーザだけが再生できるフォーマットにしておけば，ヒステリック
な取り締まりは不要である。
　さて，資産の管理，処理の手順もブロックチェーンに載せればいいのではな
いか？　という発想で作られたのが Ethereum である。支払いがなされる場合

の条件などをプログラムで記述し，ブロックチェーンに登録しておく。すると決済が自動化できる。例えば，音楽データなどの著作物が使用された場合はその使用料を権利者に自動的に送金するプログラムを用意しておけば良く，まさにJASRACが不要となる。なお，JASRACは手数料を中抜きしているから，アーティストの収入も増える。このプログラムは何が行われるかを示している点で契約書の置き換えになる。その意味でプログラムを介した取引をスマートコントラクトと呼ぶ。つまりFintechとは記録媒体としてブロックチェーンを使い，その上で様々な取引がスマートコントラクトによって自動処理される体系のことだ。

　Ethereumは独自の暗号通貨を内蔵しており決済もできるのだが，自動化を主目的としている。bitcoinが数値計算専用の電卓であるとすれば，Ethereumはプログラムの載せられるパソコンである，といわれている。プログラム次第であらゆる事務が自動化できる。例えばドイツ自動車産業は内燃機関で日本に勝てなくなってきたため，自動車販売会社の廃止を目指している。Ethereum上のプログラムによって，オプションの選択まで含めてネットでエンドユーザから受注し工場に直結するのである。トランザクションコストを減らし日本に勝利するためだが，ドイツ政府はこれをIndustrie 4.0（第四次産業革命）と称し，国家として競争力向上を図っている。その基盤がEthereumなのだ。これがFintechであり巨大な可能性がある。

　暗号通貨やブロックチェーンは基盤であり，今後，長きにわたって利用される。一時的な投機商品として消えてゆくものではないのだ。

| 参考文献 |

株式会社三菱UFJフィナンシャル・グループ，
　　https://www.mufg.jp/dam/ir/presentation/2018/pdf/slides190219_ja.pdf「デジタルストラテジー」，2019年2月19日

おわりに

　2023年7月現在，日本政府は新型コロナウイルス感染症の分類を現在の2類から通常のインフルエンザ並みの5類に既に変更しています。そもそも，通常のインフルエンザもまた，そのウイルスの遺伝情報を調べてみると，かつて，世界中で猛威を振るい多くの人を死に至らしめたスペイン風邪の子孫なんだそうです。

　宿主を死なせてしまうような重症化の元になるウイルスは警戒されていきますので，子孫を残すことができずいなくなってしまうのに対して，あまり激しい症状をもたらさないウイルスは永く生き残ることができるからのようです。

　現在，第9波の感染拡大が起こりつつあると言われていることを考えると，時期尚早だった気もする5類への分類変更ですが，専門家の観点からはそのような無害化の傾向が見えていたのかもしれません。

　貨幣も元々は金などの貴金属をその素材としていました。しかし，紙や卑金属の貨幣が一般的になり，さらに今は徐々に電子化されていく方向に向かっているわけです。ウイルスの症状が薄まっていくのにも似ていると思いませんか。

　本書にも登場したカール・マルクスは，金貨から紙幣への転換について次のように推察しています。

鋳貨機能は事実上は全く，その重量から，すなわち，すべての価値から独立したものとなる。金の鋳貨実在は，全くその価値実体から分離される。こうして，相対的に価値のない物，紙券が，金のかわりに鋳貨として，機能しうるのである。(向坂逸郎訳・マルクス『資本論(一)』岩波文庫，1969年，pp.221-222)

　すなわち，素材としての金が金貨に鋳造されると，金自体の重さが擦り減って軽くなったとしても，その鋳貨が表している金額だけの価値を表すものとし

て流通し始めるというわけです。だとすれば，価値があるのは金の重さでなく
鋳貨としての姿そのものだということになりますよね。だったら，それは銀で
もいいし，銅でもいいかもしれない。いっそのこと，軽くて原理的にいくらで
も印刷できる紙のお金でもいいということになるわけです。

　このように，マルクスは，お金の価値というものはそれ自体に内在している
のではなく，他の商品との関係のなかでどのような位置にあるかということだ
と見通していたようなのです。これがさらに進めば，物質的な肉体を失って電
子的な記号になっても一向に構わないということになります。

　ただし，同時にマルクスは次のようにも言うのです。

退蔵貨幣の機能は，一部は国内流通手段および国内支払手段としての貨幣の機
能から，一部はその世界貨幣としての機能から，生ずるのである。後の方の役
割においては，つねに現実の貨幣商品，肉体をもつ金および銀が必要とされる。
（同上，p.252）

　貨幣の役割は何と言っても商品の流通を媒介することですよね。でも，同時
に私たちは貨幣を取っておくことがあります。それは，今は使わないけど将来
使うという理由かもしれないし，信用で買った後で決済に使うためかもしれな
い。さらに，ここでマルクスが言うように，貿易で海外に払うときに国内紙幣
ではダメで，昔は金でなくてはいけなかったという理由かもしれないのです。

　だから，世界的には貨幣は最終的に金だったわけです。これを金本位制と呼
ぶのはご存知でしょう。やはり，本書でもたびたび出てきたジョン・メイナー
ド・ケインズはこの金本位制度を廃止することを彼の使命としていました。

指摘するに値する興味深い点は，金を価値標準として用いるのにとくに適した
ものにしていると伝統的に考えられてきた性質，すなわちその供給の非弾力性
こそが，まさに困難の根底にある性質にほかならないことが明らかになったこ
とである。（塩野谷祐一訳・ケインズ『雇用・利子および貨幣の一般理論』東

洋経済新報社, 1995年, p.234)

　金はなぜ価値があるかと言えば，希少だからです。大量の金鉱石のなかから僅かにしか採れませんから。多くの費用と労力を費やしても得られる量が少ないから高価になるわけです。金の国際価格が上がっても工場で生産するわけにはいかず供給が増えませんから，金の高値は持続することになります。

　そうした僅かでも高価である性質が金を貨幣にしてきたわけですが，そのことが現代においては経済にとって害悪になっているとケインズは主張しているのです。なぜかと言うと，希少な貨幣を求めて人々が殺到するため，貨幣の価格とも言うべき金利が上がってしまうからです。すると，会社は工場を建設したりするお金が借りにくくなって雇用も生産も増えなくなってしまうのです。言わば，金融栄えて経済滅ぶとでもいった事態ですよね。

　だから，ケインズは中央銀行が金から離れて自由に貨幣を発行できる管理通貨制がよいのだと考えました。

　それは利子生活者の安楽死，したがって資本の希少価値を利用しようとする資本家の累積的な圧力の安楽死を意味するであろう。今日では，利子は土地の地代と同じように，真実の犠牲に対する報酬ではない。土地の所有者が土地が希少であるために地代を得ることができるのとまったく同様に，資本の所有者は資本が希少であるために利子を得ることができる。(同上，p.378)

　でも，管理通貨制になって貨幣は希少でなくなったでしょうか。使いもしない貨幣をため込むお金持ちはいなくなったでしょうか。どうもケインズが予想し予言した方向に世界は動かなかったようです。

　現実には国や地域ごとに異なった種類の貨幣が使われており，それらの間に成り立つ為替レートの変動が投機的な行動を招いていますよね。その度に一般の人々が過度な円高や円安に苦しんでいるわけです。

　また，それ自体としてほぼ価値のない貨幣の究極体とも言うべき電子通貨が，

投機の対象となって過度の値上がりを見たかと思えば，それが崩壊して暴落したりもしています。一時多くの耳目を集めたビットコインには，本来その希少性を維持する仕組みが組み込まれています。たとえば，発行額の上限が決まっているとか，多くの電力を使って採掘する必要があるとかです。

　インフルエンザや新型コロナウイルス感染症が5類に分類され，季節性の日常的な病になっても，おそらく私たちを苦しめ続けるように，私たちにとっての貨幣の謎はまだ継続していきそうです。

　2023年7月1日

山﨑　好裕

索　引

[著者紹介]

山﨑　好裕（やまざき　よしひろ）　　　　　　　第1・2・4・6・8章

福岡大学経済学部教授。

1988年東京大学経済学部卒業。1993年東京大学大学院経済学研究科修了。博士（経済学）。1995年福岡大学専任講師。1997年福岡大学助教授。1999年アメリカ合衆国デューク大学客員研究員。2001年より現職。専門は理論経済学，計量経済学，経済学史。ジャーナル掲載論文，著書多数。

五十嵐寧史（いがらし　やすふみ）　　　　　　　　　　第9章

福岡大学経済学部教授。

東京工業大学工学部社会工学科卒業。地方自治体の情報化に関する論文で博士（工学）。ハードウェアの価格が下がるなかでも自治体では技術導入が進まなかったが，業務増加を経験した組織では情報化が許容される結論。現在はDAO（分散自律組織）を利用した合意形成で地方自治の意思決定を組み替えられないかと試行錯誤中。

平井　靖史（ひらい　やすし）　　　　　　　　　　　第5章

慶應義塾大学文学部哲学専攻教授。

ベルクソン・ライプニッツなどの近現代哲学。研究の主要テーマは時間，意識，記憶など。PBJ（Project Bergson in Japan）代表として，ベルクソン哲学の学際的・国際的な共同研究を推進している。国際ベルクソン協会・日仏哲学会理事。主著に『世界は時間でできている―ベルクソン時間哲学入門』（青土社，2022年），*Bergson's Scientific Metaphysics : Matter and Memory Today*（Bloomsbury 2023）など。

渡辺　啓介（わたなべ　けいすけ）　　　　　　　　　　　　第3章

福岡大学理学部助教。

2010年3月東京工業大学大学院理工学研究科博士（理学），2010年4月福岡大学理学部化学科助教，現在に至る。主要論文に "The Phase Behavior of a Mixture of the Ionic Liquids［C8mim］［AzoO］and［C8mim］［PF6］" Bulletin of the Chemical Society of Japan,（2022, 共著），"Very slow phase transition from the liquid to mesophase and the phase-coexistencein the ionic liquid［C8mim］BF4" Bulletin Chemical Society of Japan,（2021, 共著），「なぜ冷やす手順を変えると，チョコのおいしさやガラスの強度が変わるのか？」『化学と教育』（2017年, 単著）。

倉岡　功（くらおか　いさお）　　　　　　　　　　　　　　第7章

福岡大学理学部教授。

大阪大学医学系研究科博士課程修了。英国王立がん研究基金クレアホール研究所ポストドクトラルフェロー，大阪大学細胞生体工学センター助手，九州がんセンター主任研究員，大阪大学基礎工学部准教授を経て現職。博士（医学）。主要著書・論文に Removal of oxygen free-radical-induced 5 ',8-purine cyclodeoxynucleosides from DNA by the nucleotide excisicon-repair pathway in human cells, Kuraoka, I, C Bender, A Romieu, J Cadet, RD Wood, T Lindahl PROCEEDINGS OF THE NATIONAL ACADEMY OF SCIENCES OF THE UNITED STATES OF AMERICA 97(8) 3832-3837 2000年4月。

貨幣の謎──新型コロナウイルスから解明する

2023年10月5日　第1版第1刷発行

著　者　山　﨑　好　裕
　　　　五十嵐　寧　史
　　　　平　井　靖　史
　　　　渡　辺　啓　介
　　　　倉　岡　　　功
発行者　山　本　　　継
発行所　㈱中　央　経　済　社
発売元　㈱中央経済グループ
　　　　パブリッシング

〒101-0051　東京都千代田区神田神保町1-35
電話　03（3293）3371（編集代表）
　　　03（3293）3381（営業代表）
https://www.chuokeizai.co.jp

©2023
Printed in Japan

印刷／昭和情報プロセス㈱
製本／㈲井上製本所

＊頁の「欠落」や「順序違い」などがありましたらお取り替えいた
しますので発売元までご送付ください。（送料小社負担）

ISBN978-4-502-47251-0　C3033